超实用！一日生活 · 分场景 · 图文并茂解说
幼儿教师必读

与幼儿对话

这样说，孩子更开心

[日] 增田 香　著　　卢中洁　译

复旦大学出版社

序言

我喜欢能伸出双手的孩子。

如果身边拥有笑容灿烂的孩子，那真的是一件很开心的事。

如果被妈妈所需要时，就会小小开心一下。

这些小幸福的堆积正是幼儿教师这份工作的魅力所在。

我当年从事一线保育工作时，

每天都很繁忙，

如今都还记得当时没有太多的时间和孩子们深度相处。

那么，也就能想象大家是有多么繁忙。

现在日本存在"待机儿童"的社会问题，2017 年为止依然还缺少 74 000 名保育士。

不想成为幼儿教师的声音中，

有工资低廉、责任重大、事故风险以及对人际关系的焦虑等。

然而，幼儿园是培养未来人才的重要场所，

大家担任的是项不可替代的工作。

所以我想为大家介绍一些能够帮助一线工作者的对话技巧。针对现场发生的问题，我们的对话技巧就可以解决诸如"想和孩子成为朋友""想让孩子了解自己的想法"，以及"想让妈妈们更相信自己"等这些问题。

这本书通过一些案例为专业的教师们提供了以下三种对话技巧：

- 教师与孩子的对话技巧
- 教师与家长的对话技巧
- 教师与自己的对话技巧

遇到困难的时候，请将书中的建议看作解决问题的提示，好好实践这些对话技巧。

日本"妈咪家庭"法人代表 增田香

目录

第三部分　室外游戏·散步篇

第六部分　午睡篇

第七部分　离园篇

本书的使用方法

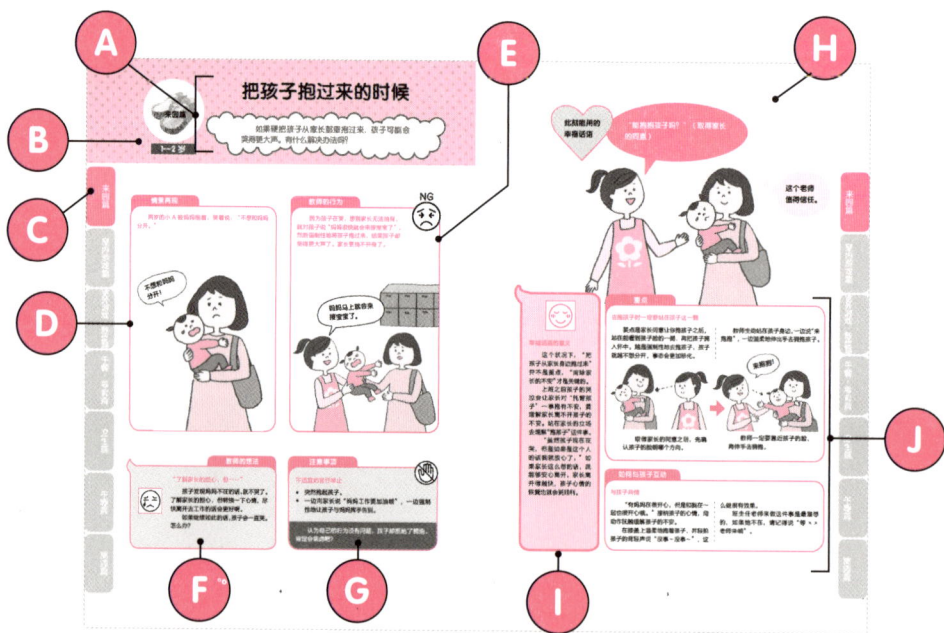

A **这个时候该怎么办？**

列举出了让教师感到困惑的不知该如何和孩子以及家长对话的日常情景。

B **对象年龄**

可以了解到对话是面向几岁孩子的。

C **不同场景**

可以马上了解到这是"来园篇"还是"室内游戏篇"等分类。

D **场景再现**

用插画的方式描述具体的场景。

E **教师的行为**

用插画的方式模拟出教师们的 NG 行为。

F **教师的想法**

这里展现的是教师们的不安、感叹，以及无法与人分享的内心独白。

G **注意事项**

介绍了不同场景下教师们无意中的 NG 行为。

H **此刻能用的一句幸福话语**

在不同的场景下，如果"说上这么一句话肯定可以更加顺利"，这里介绍了能够让大家都感到幸福的话语。

I **幸福话语的意义**

推荐使用这句话的理由。

J **重点及其他**

介绍了解决问题的重点，面向家长的对话技巧以及回应的方法。

来园篇

对于教师来说，家长送孩子入园时是和他们交流的重要时间，本篇为大家介绍一些能让双方一天都有好心情的对话技巧。

孩子来园的时候

第一次带0岁的孩子，在早上接孩子来园的时候
有什么要注意的吗？

场景再现

早上，家长和孩子来园了。

早上好。

教师的行为

NG

1. 心里想着"尽快把孩子接过来吧"，就上前把孩子抱了过来。

早上好呀。

咦？

2. 孩子有些受惊了，哭了出来。家长也有点不高兴了。

ギャーッ

教师的想法

"我不是那个意思。"

从家长手中接过了孩子，睡着的孩子醒来后哭了出来，家长当即露出了不悦的神情。我是不是被讨厌了？

以后家长会不会就不理我了？我该怎么办才好呢？

注意事项

不适宜的言行举止

- 与家长的对话变成了事务性的交谈。
- 在与孩子零交流的状态下接过了孩子。

因为早上很忙，是否就迅速结束了交流呢？

2

此刻能用的
幸福话语

（对孩子）"早上好哦！"
（对家长）"早上好！今天孩子也很好吧？"

这位老师感觉不错。

来园篇

室内游戏篇

室外游戏·散步篇 午餐·零食篇

卫生篇

午睡篇

离园篇

幸福话语的意义

早上虽然很忙，也要养成和家长说话不慌乱的习惯。来托管0岁孩子的家长大都是因为工作原因才送孩子来园，其实她们大多是想多陪陪孩子，和孩子有更多的交流，心中是割舍不下孩子的。

因此理解家长们的心情，构建能够让家长们放心的信赖关系很重要。

可以边翻阅联络手册，边对家长和孩子讲一些轻松的话题。比如，"昨天还发生了这样的事呀，很开心吧。"

重点

跟家长一边交流一边确认

0岁幼儿还不会用语言表达，问清楚孩子前一天的状况，并仔细了解孩子身体是否有不适，这一点很重要。

特别是要看一看孩子身上有没有伤痕。如果有，那么尽快向园长汇报。

晨检事项

- 喝奶的时间和量（断乳食谱及进餐时间和量）
- 睡觉的时间和起床的时间
- 体温（抱着的时候是否感觉到热）
- 幼儿的精神状态
- 脸色
- 有无伤痕

动作要点

视婴儿为"人"

婴儿虽然不会用语言表达，但也一定视其为人去尊重。比如，看着婴儿的眼睛对他说早安，这一点很重要。

早上好，今天心情怎么样？

3

把孩子抱过来的时候

如果硬把孩子从家长那里抱过来，孩子可能会哭得更大声。有什么解决办法吗？

来园篇

室内游戏篇

室外游戏·散步篇

午餐·零食篇

卫生篇

午睡篇

离园篇

情景再现

两岁的小 A 被妈妈抱着，哭着说："不想和妈妈分开。"

> 不想和妈妈分开！

教师的行为

NG

因为孩子在哭，想到家长无法抽身，就对孩子说"妈妈很快就会来接宝宝了"，然后强制性地将孩子抱过来，结果孩子却哭得更大声了。家长更抽不开身了。

> 妈妈马上就会来接宝宝了。

教师的想法

"了解家长的担心，但……"

孩子发现妈妈不在的话，就不哭了。了解家长的担心，但转换一下心情，尽快离开去工作的话会更好啊。

如果继续如此的话，孩子会一直哭。怎么办？

注意事项

不适宜的言行举止

- 突然抱起孩子。
- 一边向家长说"妈妈工作要加油哦"，一边强制性地让孩子与妈妈挥手告别。

认为自己的行为没有问题，孩子却拒绝了拥抱，肯定会焦虑吧？

此刻能用的
幸福话语

"能抱抱孩子吗？"（取得家长的同意）

这个老师值得信任。

幸福话语的意义

这个状况下，"把孩子从家长身边抱过来"并不是重点，"消除家长的不安"才是关键的。

上班之前孩子的哭泣会让家长对"托管孩子"一事抱有不安，要理解家长离不开孩子的不安。站在家长的立场去理解"抱孩子"这件事。

"虽然孩子现在在哭，但是如果是这个人的话我就放心了。"如果家长这么想的话，就能够安心离开。家长离开得越快，孩子心情的恢复也就会更顺利。

重点

去抱孩子时一定要站在孩子这一侧

要点是家长同意让你抱孩子之后，站在能看到孩子脸的一侧，再把孩子拥入怀中。越是强制性地去抱孩子，孩子就越不想分开，事态会更加恶化。

教师主动站在孩子身边，一边说"来抱抱"，一边温柔地伸出手去拥抱孩子。

来抱抱！

取得家长的同意之后，先确认孩子的脸朝哪个方向。

教师一定要靠近孩子的脸，再伸手去拥抱。

如何与孩子互动

与孩子共情

"有妈妈在很开心，但是和我在一起也很开心哦。"接纳孩子的心情，用动作抚触缓解孩子的不安。

在膝盖上温柔地抱着孩子，并轻拍孩子的背轻声说"没事~没事~"，这么做很有效果。

班主任老师来做这件事是最理想的，如果她不在，请记得说"等 × × 老师来哦"。

5

孩子哭着来幼儿园的时候

孩子哭着来幼儿园的时候,该怎么办呢?

室内游戏篇

室外游戏·散步篇

午餐·零食篇

卫生篇

午睡篇

离园篇

情景再现

两岁六个月的小 A 哭着来到幼儿园,说"我今天不想穿这身衣服。"一旁的家长也很不开心。

教师的行为

NG

1. 对孩子说:"不要因为这件事哭哦。"

> 不要因为小事哭哦。

2. 孩子还在哭,所以就夸了她:"这个衣服很合身哦!"

> 这个衣服很合身哦。

教师的想法

"我都在夸她了,可是看起来没有效果呢……"

都说了鼓励孩子有效果,可我夸了好像没用呢。

孩子的心情要是能好点就好了……

有没有更好的对话技巧呢?

怎么办才好呢?

注意事项

不适宜的言行举止

• 擅自断言:"不要因为这件小事哭泣。"

• 把孩子的"坚持"当作"任性",一个劲地阻止孩子哭泣。

是否压抑了孩子的心情,伤害了他们的自尊心?

此刻能用的
幸福话语

今天穿上你喜欢的衣服了呀，真不错。

是呢，我之前忍了很久呢。

来园篇

室内游戏篇

室外游戏·散步篇

午餐·零食篇

卫生篇

午睡篇

离园篇

幸福话语的意义

孩子到了2岁就开始要自己决定一些事情了，比如"想这么做"，或是"不这样的话不行"。有时候甚至会为了实现自己的想法而拼命抵抗。这是孩子的自立能力萌芽的标志。

事后，教师可以肯定地对孩子说："真不错啊，穿了你想穿的衣服。"孩子的想法受到周围的重视与尊重，这样的经历很重要。

重点

2岁的孩子什么都想自己决定

只想穿自己喜欢的衣服，要把小汽车和图书摆放整齐，这些看似非常固执的行为特征正是两岁孩子的特点。这是孩子"想成为自己"的体现。

因此，包容孩子坚持己见的状态，他们就会安心成长。

提升要点

理解家长的心情

如果家长每天面对着事事要自己做的孩子，那么焦虑达到一定程度时，肯定会产生"我的孩子最近好难带"的想法。

教师可以先向家长问清楚"孩子为什么哭着来幼儿园了"。之后再对家长说："孩子这样肯定很闹心吧"，做到理解家长的心情。

记得不要忘记告诉家长："让我们一起期待孩子的成长。"

肯定不好受吧

孩子迟到的时候

有没有让来迟的孩子迅速融入集体的方法呢?

场景再现

家长因为工作的原因,两岁的小B 10点才到幼儿园。

教师的行为

NG

1. 对孩子说:"跟大家一起玩哦。"让孩子融入集体中。

去玩吧。

2. 孩子独自站在一边,认为她自己能够找到要玩的游戏,就离开了。

教师的想法

"有些不忍心。"

因为来晚了,所以才独自一人,无法融入小朋友们的游戏中,看着有些不忍心。心想:"没有照顾好你真是对不起。"

只好安慰自己:"应该没有事儿的。"

注意事项

不适宜的言行举止

- "快来呀,××也在玩呢。"只是在口头上招呼,并没有实质性的动作。
- 强制性地让孩子与大家玩耍。

是不是认为孩子们总会"自己找到合适自己的游戏呢"?

此刻能用的
幸福话语

"要玩什么呢？大家可以一起玩这个游戏（小B喜欢的游戏）哦。"

好开心！

幸福话语的意义

两岁的孩子还是以独自游戏为主，即使迟到了也没有必要强迫他和大家一起玩耍。

孩子来园之后稍微在远处观察一下他的情况，如果孩子不同寻常地四处徘徊，找不到想玩的游戏时，建议主动走向孩子，并对她／他说："愿意和大家一起玩这个游戏吗？"

直到孩子即使一个人也能玩得很投入的时候，教师再离开。放任不管是不负责的行为。

重点

用孩子喜欢的游戏吸引她／他

如果孩子喜欢搭积木，就陪孩子搭完一个模型，还可以在完成的时候对孩子说"哇！完成啦！好厉害"之类鼓励的话语。和她／他一起感受喜悦和成就感。

为了应对类似这样的场面，提前了解孩子都喜欢什么游戏是非常重要的。

用孩子喜欢的游戏来吸引她／他，这样孩子也能很容易地进入状态。

好厉害哦！

提升要点

交流的姿态

如果孩子是在 10 点左右才抵达幼儿园，那么可以对孩子说："一直在等你哦！"

向家长表示"没事吧？发生什么事了吗？"之类的问候。

这样，家长的话就会被最优先考虑。教师此时也应放下手中的事，目视家长，展开交流。

不说"早上好"的时候

来园篇

3—5岁

教育热情很高的家长强迫孩子说"早上好"，我要如何应对呢?

场景再现

4岁的小A和家长一起来到幼儿园。因为没有说"早上好"被家长指责:"要说早上好。"

要说"早上好"。

......

教师的行为 NG

孩子不问候的时候，总是不小心站在家长的立场要求孩子说"早上好"。

快说"早上好"！

试着说一下"早上好"吧。

教师的想法

"不知道怎么办才好。"

虽然要尊重家长的观点，但是也不能对孩子的丧气视而不见，我应该如何应对才好呢。

真是看着不忍心呢。

注意事项

不适宜的言行举止

- 不观察孩子的状态就强迫让他问候。
- 用大人的标准要求孩子问候。

是否觉得会问候的孩子就是好孩子呢?

室内游戏篇

室外游戏·散步篇 午餐·零食篇

卫生篇

午睡篇

离园篇

此刻能用的
幸福话语

"其实你也想打招呼的，对吧？
我早就知道，没事儿哦。"

老师很
懂我。

幸福话语的意义

强迫孩子问好，这是因为背后隐藏着"想把孩子培养成有礼貌的孩子"这一大人的虚荣心。作为教师，与其强迫孩子问候，不如做好榜样，与家长之间进行温暖的相互问候更加重要。

孩子们其实也懂得问候的必要性。教师需要理解孩子的想法，建议在和家长分开之后，温柔地对孩子说："我知道你也很想打招呼。"

重点

说话的时机很重要

这样的话尽量在和孩子两个人相处的时候悄悄地说。来幼儿园的时候，孩子们很可能会产生"被大家看到妈妈在凶我，真不好意思"这样的心情。

如果老师当着大家的面说："其实我知道你刚才想要打招呼的"，那么原本的"失败体验"（＝更加不好意思）就会升级，这对孩子来说无疑是雪上加霜。

为了构建教师和孩子的信赖关系，教师应该看准时机讲话。

被大家看着真不好意思。

和家长的对话技巧

向家长传递心情

面对教育热情很高的家长，不知道如何回应的场面肯定不少。

教师可以告诉家长："虽然孩子现在不问好，但以后肯定会改变的。"然后可以笑着对家长说："没关系的。"

这样，家长就不会再强迫孩子问好了，恶性循环也会得到改善。

来园篇

室内游戏篇

室外游戏·散步篇

午餐·零食篇

卫生篇

午睡篇

离园篇

II

当哭泣变成习惯的时候

3—5岁

和家长分开后孩子一直在哭。分开一会之后虽然停止哭泣了，但真的就可以放任不管了吗?

（侧边栏）室内游戏篇　室外游戏·散步篇　午餐·零食篇　卫生篇　午睡篇　离园篇

场景再现

来幼儿园刚一个月的小 C，每次来幼儿园的时候总是会哭。但家长一走就不哭了。

教师的行为

NG

因为孩子一直在哭，对孩子说出了"又在哭吗"这样的话语。

又在哭吗?

数分钟后

几分钟之后，家长不在了，孩子就停止哭泣去玩耍了。

教师的想法

"我觉得孩子哭泣是一种仪式……"

看到孩子们都是在家长离开之后就停止哭泣去玩耍，觉得孩子哭泣就像是一种仪式，是告诉家长实情比较好呢?还是就这样守护着他们比较好呢?怎么办?

注意事项

不适宜的言行举止

- 对孩子说"还在哭吗? 真不害臊啊"这样伤人的话语。

是不是想告诉家长"其实，你走了孩子马上就不哭了"这样的真相?

此刻能用的幸福话语

（看着家长的脸微笑）和孩子一起对妈妈说："妈妈再见哦！"

这下安心了！

幸福话语的意义

经常能看到很多孩子在家长准备离开的时候大哭，可家长离开之后就立刻停止哭泣。哭着和家长告别变成了一种习惯，也许孩子们会认为哭就是此刻自己要做的事情。

孩子们的这个行为和家长的潜意识有很大的关系。为了能让家长安心把孩子送到幼儿园，教师应该亲切地与孩子一起跟家长道别。

重点

改善家长与教师的关系

家长因孩子还不适应幼儿园而产生不信任感，以及自己不得不去上班而心生罪恶感（内心的动摇），这些不安与动摇都会传递给孩子。

教师应当积极地与家长交流，倾听家长对幼儿园和孩子有怎样的不安。

另外，还可以对孩子说："快来教室里继续玩你最喜欢的积木吧""今天××也在等你哦"，间接地让家长理解到："孩子在这个园里很开心。"

动作要点

携手送别

教师拉着孩子的手，一起目送家长离开很重要，虽然刚开始并不容易。

但是，请每天都要坚持这么做。家长会从你的行为中感受到对教师和园所的信任。这样，通过构建信赖关系，孩子就不会每日进行仪式般的哭泣了。

13

入园还不久的孩子边哭边来幼儿园的时候

3—5 岁

入园还不久的孩子边哭边来幼儿园，该怎么办才好呢？

室内游戏篇 室外游戏·散步篇 午餐·零食篇 卫生篇 午睡篇 离园篇

情景再现

4 岁的小 D，边喊着"我不想上幼儿园"，边来到了幼儿园。家长也很困惑，不知道该怎么做。

我不想上幼儿园。

家长的行为

NG

对孩子说："为什么要哭啊？别哭了，快去玩吧。"

别哭了，快来玩吧。

教师的想法

"怎么办才好呢？"

又到开学季了，孩子们适应起来还是很困难。但小 D 的适应周期有些长，要是能快点适应就好了。
怎么办才好呢？

注意事项

不适宜的言行举止

- 强迫孩子停止哭泣。
- 让正在哭的孩子玩游戏。

是否在不了解孩子哭泣的原因的情况下就把自己的情绪强加给孩子呢？

室内游戏篇

室外游戏·散步篇

午餐·零食篇

卫生篇

午睡篇

离园篇

此刻能用的幸福话语

"是啊，是想和妈妈在一起对吧？"

是的，想和妈妈一起。

幸福话语的意义

孩子们在哭的时候如果问他们"为什么哭"，他们也不能很好地表达自己的心情。

应当在进入集体保育时间之前就通过拥抱或是摸头等肢体接触让孩子安心，站在孩子的立场去倾听。听孩子讲话的最好是已经和孩子建立信赖关系的老师（班主任）。

在理解孩子的前提下去倾听。

重点

努力成为孩子最喜欢的老师

如果孩子们有最喜欢的老师、游戏和朋友，那么幼儿园生活就会变得非常快乐。刚入园或是刚转来的孩子由于还没有找到喜欢的人和游戏，所以有时会讨厌来幼儿园。

帮助孩子们找到各自"最喜欢的朋友"，教师自身也应当努力取得孩子们的信任，成为孩子也"最喜欢的教师"。

教师应当蹲下来，保持与孩子的视线同高，倾听孩子的话语。

和家长的对话技巧

也许家里还有小宝宝

当孩子哭的时候，也许孩子在家还有弟弟或是妹妹。自己来上幼儿园的时候，他们会嫉妒小宝宝与妈妈的相处时间，所以才会不开心。

家长总对大宝说："因为你是姐姐（哥哥），所以要更加懂事哦！"其实孩子们已经很努力了。不妨给家长提些建议：不能只是让孩子努力，也要让家人们帮忙带一下二宝，每天专门腾出时间，与大宝单独相处。

从家里带玩具来园的时候

偶然发现孩子带来了不能拿到园里的东西，就对着孩子发火了。这样做没关系吧？

来园篇

室内游戏篇

室外游戏·散步篇 午餐·零食篇

卫生篇

午睡篇

离园篇

场景再现

5 岁的小 B 和小 C 来到了幼儿园。他们在幼儿园的角落偷偷摸摸地玩着什么。

偷偷摸摸　　偷偷摸摸

教师的行为

NG

凑近一看才发现原来他们带来了最近流行的贴在零食袋上的贴画，并准备交换。"这么做不行哦"，教师对孩子发起了火。

这么做不行哦。

教师的想法

"生气也没关系吧？"

虽然理解孩子拿时下流行的东西来幼儿园的心情，但是为了公平起见，一生气就把东西没收了。

很严厉地批评了孩子，没关系吧？

注意事项

不适宜的言行举止

- 不分青红皂白就对着孩子生气。"这种东西带到幼儿园是不可以的。"
- 轻易原谅孩子。"真没办法，就这一次哦。"

虽然理解孩子的心情，但是你的态度是否前后不一致呢？

此刻能用的
幸福话语

"带玩具来幼儿园到底好不好呢？"

原来是不行的啊！

室内游戏篇

室外游戏·散步篇

午餐·零食篇

卫生篇

午睡篇

离园篇

幸福话语的意义

教师不分青红皂白就对孩子们说"不能带这个来幼儿园"，或是没收孩子们的东西。这样一来孩子们就很难学会自己去解决问题。

教师们只需要问问孩子们："怎么做才好呢？""下次要怎么做？"剩下的让孩子们自己去思考吧。重点不是强制孩子"不许带来"，而是让孩子自己认识到"不能带来"。

重点

孩子们的自律

对大班的孩子来说，一个很重要的成长任务就是学习自律。自律是指孩子们遵守生活中的约定，并主动借给伙伴自己最喜欢的玩具等。只有承受了日常中小小的忍耐，才能有更大的成长。

仅凭大人们给出的判断是无法培养孩子们的自律精神的。

下次还是不带玩具来幼儿园了。

更进一步的对话技巧

孩子要是找借口的话……

如果孩子说"××也带玩具来了"，那么可以说："我知道哦，那么××也可以把玩具拿出来哦"。先试着理解孩子们的心情，之后再问问孩子："带玩具来幼儿园到底好不好呢？"

请不要对孩子说："真没办法，就这一次哦。"这样，教师的立场就会失去一贯性。我们需要让孩子自己给出结论。

就这一次哦。

幸运！

注：幼儿园办园方针不同，对于能否带贴画、玩具等私人物品来园的规定也就不同。如果不能带，需要向家长提前说明。

当孩子没睡醒就来幼儿园的时候

如果孩子没睡醒就来到了幼儿园，那么对孩子说些什么好呢？

室内游戏篇

室外游戏·散步篇

午餐·零食篇

卫生篇

午睡篇

离园篇

场景再现

3 岁 8 个月的小 D 今天非常困。家长说孩子半夜 1 点醒来了一次，玩了好久才继续睡，所以看起来很困。

教师的行为

NG

因为在大家听故事的时候犯困了，老师问了句："哎呀，是昨晚没睡好吗？"

××，你昨晚没睡好吗？

教师的想法

"快振作精神吧？"

夜里不好好睡觉对孩子的身体很不好。

家长到底是怎么想的呢？

幼儿园是集体活动的地方，不可能只让一个孩子单独去睡觉。

注意事项

不适宜的言行举止

• 强迫犯困的小 D 打起精神。

是否一直在说晚上不好好睡觉对身体不好？

此刻能用的幸福话语

（孩子离园的时候）"今天很困吧，午睡也起得很早，回家一定要早早休息哦！"

知道了。

幸福话语的意义

孩子虽然很困，但也坚持来幼儿园了。不要对孩子说"又没有好好睡觉了"之类的话，仔细观察孩子有没有不舒服。

然后在孩子离园的时候对孩子说："今天很困吧。回家一定早些休息哦。"认可孩子的努力。

另外，上幼儿园对孩子养成规律的生活很有帮助，一定要请家长配合，不要让孩子过度迎合大人的节奏。

重点

午睡的时间

3—5 岁的孩子已经开始集体生活了，不像 0—2 岁的孩子，不能因为睡眠不足就随便地调整他的休息时间。

幼儿园能做的只能是调整午睡的时间。不延长睡眠的时间，最多让孩子睡到下午 3 点。这样才能不影响到孩子晚上的休息。

3 点啦，快起床！

与家长的对话技巧

注意措辞

家长来接孩子的时候可以提醒家长："今天午睡是下午 3 点起床的，回家可以让孩子早些休息。"

孩子没有休息好，最后悔的肯定是家长。为了不让家长感到自责，可以给家长一些建议，比如"让孩子晚上 9 点睡比较好"。注意此时的措辞不能带有太多负面情绪。

19

当迟到变成习惯的时候

因为家长工作的原因孩子来晚了，有没有让孩子顺利融入集体的方法呢？

室内游戏篇

室外游戏·散步篇

午餐·零食篇

卫生篇

午睡篇

离园篇

场景再现

因为家长工作的原因，小 E 到幼儿园的时间总是超过上午 10 点。

教师的行为

NG

已经习惯了孩子的经常迟到，问了句"又迟到了"之后，就让孩子自由活动了。

今天又迟到了！

教师的想法

"因为总是这样。"

因为每天都迟到，所以也就麻痹了。比起顾这边，我还是要优先和其他孩子们一起做游戏。

注意事项

不适宜的言行举止

- 责难孩子："今天又迟到了。"

有没有表现出"怎么今天又迟到了"这样不耐烦的情绪呢？

来园篇

室内游戏篇

室外游戏·散步篇

午餐·零食篇

卫生篇

午睡篇

离园篇

此刻能用的
幸福话语

（对迟到的孩子说）"没事哦。"
（再对其他的孩子说）"××来啦。"

××早上好。

××早上好。

幸福话语的意义

3—5岁是集体保育的阶段，经常迟到的孩子会给人不守规矩的印象吧。孩子当场也会觉得"好难融入大家"。

教师首先应该贴近孩子安慰他说"没事的"，消除孩子的不安。

然后，再对孩子的好朋友说"××来啦"，营造出能让孩子们自然开始游戏的氛围。

重点

让孩子自己说出"想早点去幼儿园"

让孩子早点来幼儿园最有效的方法就是让孩子自己对母亲提出"想早点去幼儿园"。

在孩子准时到幼儿园的时候请一定抓住机会对他／她说："今天比平常都来得早哦，真棒。"

今天比平常都来得
早哦，真棒。

和家长的对话技巧

不要让家长感到愧疚

在这种场合，家长一般都很"愧疚"。

作为幼教专业人员，我们不应该让家长感到"愧疚"，"支援家长才是我们的工作"。因此，需要让家长感受到"一起育儿的共同立场"。

比如，我们可以对家长说："虽然我无法想象，但你的工作肯定很辛苦，要多保重哦！"我们可以通过这样的对话技巧，"共感"家长的辛苦。这样一来，家长对教师的信赖度就会迅速上升。

但有时即使向较忙的家长分发了集体活动的时间表，还提前告知了活动安排，他们也还会有忘记的时候。

教师可以在活动前一天再单独告诉家长："明早因为要和孩子们去较远的公园，请在九点半之前到幼儿园哦。"

不好意思啦！

孩子来幼儿园时，如何与家长对话呢？

如果想和家长建立信赖关系，与送孩子来园的家长的对话很关键哦。
我们为大家介绍一些心得。

要点 1 直视双眼问好
问好应该由衷而发

　　要点在于鞠躬的时机。
　　比起边说"早上好"边鞠躬，看着对方的双眼问候"早上好"之后再鞠躬比较好。
　　这么做给人的印象会非常不同。

○
早上好。

✕
早上好。

前者会带给人支支吾吾
的印象

后者好感度会更高些。

要点 2 双手接行李

　　想与家长建立信赖关系，需要让家长觉得这位老师是值得信赖的。比如孩子比较小的时候，可以帮家长把行李装进柜子里。
　　这时可以对家长说"我来帮你拿行李吧"，然后再接过行李。双手接行李是重点。比起单手拿行李，双手接给家长的印象会不同。
　　用双手拿行李一方面是对家长的尊重，一方面是鼓励自己"现在开始要加油了"。

说完"我会照顾好您的孩子的"，双手接过行李。

要点 3 不要边做事边问候

　　早上是教师们很忙的时间段，但家长和孩子来幼儿园的时候千万不要一边工作一边问候，可以先放下手中的活。
　　特别是对沟通不畅的家长，教师可以放下手中的工作主动接近家长，询问一下孩子最近的状况以及在意的事情等。

早上好。

如果实在放不下手中的活，可以先转过脸问候，再迎向前去。

跟孩子一起说"再见"

为了让家长能够安心把孩子放在幼儿园，教师可以抱着孩子或者牵着孩子的手目送家长离开。对于1—2岁的幼儿，可以让孩子自己对家长说出"再见"。

早上也是家长们忙着上班的时间，如果听到孩子对自己说"再见"，就会变得干劲十足，鼓励自己："今天也要加油哦！"

即使难以判断也要以"专业人员"的态度对应

如果身体不舒服的孩子来到了幼儿园，就必须向家长表明态度。

"不好拒绝，不得不接收……"，如果接收了那就是专业人员的失职。应当根据幼儿园的规定去判断（测体温，目察）。如果判断可以接收，那么一定要再次确认紧急状况下的联络方式。

如果判断无法接收，那么一定向家长传达"今天的状态不适宜入园"。

但也不要只是以拒绝结束对话，可以陪家长一起收集照顾孩子的相关信息。

大多数情况下，家长即使知道孩子身体不适依然还会带孩子来幼儿园，是因为他们必须去上班。

充分理解家长的心情，对家长说："如果孩子经常不能来幼儿园的话肯定很辛苦吧。很能理解你的心情，没事儿吧？"一定要向家长传达"我很理解你的辛苦"这样的讯息。家长的心情也会因此变得轻松一些。如果自己无法判断的时候可以咨询园长或是身边的资深教师。

用团队的力量来解决早上单独面对的难题

早上的问题多是由教师单独面对家长来解决的。因此，团队合作非常重要。如果有教师感到吃力，就需要有人来帮忙。

"因为我是班主任，所以这些都需要我自己来面对……"不要这样独自烦恼，可以让其他教师一起来帮忙。

抱有团队合作的意识，创造相互配合的体制。

社会人应当掌握的言行举止

第一印象是和家长建立信赖关系的关键。
我们为大家梳理了此时的对话与穿着要点。

对话技巧

孩子们是在模仿中掌握语言的。不论教师和家长关系有多好，说话也需要谨慎。教师之间也应该用敬语相称。

注意不要在工作时间内使用婴幼儿用语。

非常值得注意的是和家长的对话。不论家长的年龄多大，都应该做到礼貌对话。

头发
抱孩子的时候为了不让头发碰到孩子的脸，尽量扎成马尾辫，注意不要使用较小的发卡。

化妆
不能化浓妆，尤其是眼妆不宜过浓。不能使用香水。

装饰
不能戴耳环、耳夹、项链和手链等装饰品。

指甲
注意不使用指甲油，指甲要剪短。经常涂抹护手霜以免手部皲裂。

脚
要穿简洁的袜子。

行为

想要得到家长的信赖，先要着装整洁。不追求"可爱"或"时尚"，最好给家长留下清洁整齐的印象。

为了不忘记家长或是园长说过的话，可以随时备好纸笔。另外，为了方便为孩子擦汗、擦鼻涕，建议随身携带手绢或纸巾。

室内游戏篇

　　游戏方法会因孩子的年龄不同而不同。教师们应该按照孩子们的年龄特点微笑着与他们对话。让我们制造出让孩子们快乐的时光吧。

孩子不会爬的时候

班上有不太会爬的孩子，是不是尽快让他们学会爬比较好呢？

来园篇

室内游戏篇

室外游戏·散步篇

午餐·零食篇

卫生篇

午睡篇

离园篇

场景再现

9 个月大的小 B 不会爬，就突然要站起来。家长也提到了这个问题。

教师的行为

NG

担心孩子突然要站起来，教师也会问身边的同事们："这个孩子怎么不爬呢？"

这个孩子怎么不爬呢？

教师的想法

"没事吧？"

没学会爬就直接要站起来，如果孩子可以做到的话也没问题吧？家长也来问我这个问题，怎么回答才好呢，真的没关系吗？

注意事项

不适宜的言行举止

- 以担忧的口吻在孩子面前说："这个孩子怎么不爬呢？"
- 觉得"这不是什么大问题"。

你是否觉得这是非常自然的事情，不需要帮助？

此刻能用的
幸福话语

"××，马上就会爬啦！"

幸福话语的意义

由于家庭环境的原因，孩子们可能无法在家里畅快地爬。而且，孩子的发育是有先后顺序的。

开始爬的时间有个体差异，一般是 8—10 个月开始。不爬就直接站起来的孩子要考虑是否因为在家里使用了助步器或是经常被抱着。不妨问问家长是什么情况。

重点

促进幼儿原地转弯爬、匍匐向前爬

孩子趴在原地，以腹部为轴心 360 度旋转身体的动作叫做"原地旋转"。

把玩具（比如能出声的玩具）放在孩子们的腰部，即伸手就能够到的地方是关键。

通过这个动作可以锻炼孩子们脚部大拇指的蹬力，促进爬行能力的提升。

"看这里"，建议通过对话来引起孩子的注意力。

教师们也可以轻轻地活动孩子的拇指来辅助孩子的爬行。

"以这里为中心。"

与家长的对话技巧

为孩子创造良好的环境

爬行的发展顺序是：先是爬虫类爬行、腹部贴地式的"匍匐前进"，其次是像哺乳类动物般的"四肢爬行"和"扶墙站立"。

告诉家长在家里应当随时清理障碍物，保证孩子爬行时可以畅通无阻。

来园篇

室内游戏篇

室外游戏·散步篇

午餐·零食篇

卫生篇

午睡篇

离园篇

抢玩具的时候

两岁的男孩之间总是因为抢玩具发生争吵，怎么办才好呢？

来园篇

室内游戏篇

室外游戏·散步篇

午餐·零食篇

卫生篇

午睡篇

离园篇

情景再现

小 B 想要玩小 A 的玩具，引发了争吵。

教师的行为

NG

① 认为应该"立即中止争吵"，因此对拿着玩具的小 A 说："把玩具借给他玩。"

借给他玩。

② 对分享玩具的小 A 说："你好棒。"

做得真棒，谢谢。

教师的想法

"虽然顺利地解决了问题……"

虽然是强制性的，但还是顺利解决了争吵。

但孩子们的争吵是经常发生的，怎么办才好呢。

又吵了该怎么办？

因为是男孩子，所以就没办法吗？

注意事项

不适宜的言行举止

- "快把玩具给××"，教师们强制性地让孩子分享玩具。
- "不许拿别人的玩具"，不分青红皂白地全盘否定。

对抢玩具的孩子们发火，是否觉得这样就能解决问题了呢？

28

来园篇

室内游戏篇

室外游戏·散步篇

午餐·零食篇

卫生篇

午睡篇

离园篇

此刻能用的
幸福话语

（对想要抢玩具的孩子）"我们去找同样的玩具吧！"

幸福话语的意义

抢玩具是幼儿园中非常多发的情况。此时，教师们与其要求孩子分享玩具，不如关注先玩玩具的孩子的"游戏"。

2岁的幼儿还不会站在别人的立场思考问题。对想要抢玩具的孩子说："我们去找同样的玩具吧"，然后和这个孩子一起去寻找同样的玩具。

感受孩子的心情很重要，"你也很想要那个玩具吧。"

重点

守护玩具的孩子

孩子们找到自己想玩的游戏并投入其中，这种状态能培养孩子对生活的积极主动性、感受力和注意力。

因此，在解决孩子争端的时候，切记不要中断孩子的游戏。也就是说，教师应当保护好先玩玩具的孩子。

教师陪孩子寻找相同的玩具既能够中止吵架，也能够守护好孩子的游戏。

幼儿园的环境创设

2岁之前的幼儿都喜欢一样的东西

2岁正是孩子们注意朋友们玩的东西、做的事，并加以模仿的阶段。如果自己想要，第一反应就是想抢过来。

我们可以总结分析一下1—2个班级多发的争抢东西现象，找出引发孩子们争吵的原因。

重点在于保证班上有四个以上同样颜色、同样形状的东西。

孩子们理解的"很多"，一般都是在四个以上。

孩子咬人的时候

有些孩子一有不满意的事就会咬人，不知道怎么处理才好？

来园篇

室内游戏篇

室外游戏·散步篇

午餐·零食篇

卫生篇

午睡篇

离园篇

情景再现

小 B 好像有不满意的事，便咬了小 A，小 A 哭了。

教师的行为

NG

1. 想着"必须要中止这种行为"，就对咬人的小 B 说："不许咬人！"

> 不许咬人。

2. 安慰被咬的小 A："没有受伤吧？"

> 没有受伤吧？

教师的想法

"适可而止吧！"

　　小 B 有一遇到不满意的事就会咬人的习惯。

　　了解孩子是因为无法用语言表达才会这样，但也希望他能适可而止，因为其他孩子也很可怜。

注意事项

不适宜的言行举止

- 呵斥咬人的孩子"不许咬人"。
- 隔离反复咬人的孩子。

是否把爱咬人的孩子当成"难缠"的人？

来园篇

室内游戏篇

室外游戏·散步篇

午餐·零食篇

卫生篇

午睡篇

离园篇

（对被咬的孩子）

此刻能用的幸福话语

"对不起哦，很疼吧？"

（对咬人的孩子）

此刻能用的幸福话语

"其实不咬人也可以解决问题的。"

幸福话语的意义

也许咬人的孩子有曾经被咬的经历，并且当时家长和教师都没有很好地处理发生的情况。

为了让这样的情况不再发生，可以对被咬的孩子说："很疼吧，没保护好你真的很抱歉哦"，传达对孩子的关怀。同时确认孩子被咬的状况。

让被咬的孩子感受到"即使自己被咬也是被老师所守护着的"，让其感受到安心，之后再应对咬人的孩子。这期间可以让咬人的孩子在旁边看着。

重点

如何面对咬人的孩子

未满 3 岁的孩子如果有想做的事却无法用语言表达的时候，就常会演变成咬人的行为。

这时，应该满怀关心地问候孩子："小 B 怎么啦，其实不咬人也可以解决问题哦"，尝试接近孩子的内心。

切记不要盘问或是生气，而是向孩子传达我们理解他们为什么咬人的态度。例如，"原来你是想要这个玩具呀……"

咬人的行为常发生在"玩具不够""肚子饿""瞌睡"等孩子的身心没有得到满足的情况下。因此，孩子在咬人之前总会看教师的行动。

教师应当灵敏察觉教室里的气氛，预防咬人的行为发生。

如何与家长对应

马上道歉

家长来接被咬的孩子时，应当马上对其表示歉意，"不小心把您的孩子弄疼了，实在是抱歉。"

必须在家长发现之前传达事实，如果不是这样，那么教师的解释很容易就会变成"借口"。

想让孩子收拾物品的时候

想让孩子收拾物品，但孩子不听。有没有什么有效的对话技巧呢？

来园篇

室内游戏篇

室外游戏·散步篇

午餐·零食篇

卫生篇

午睡篇

离园篇

情景再现

马上就到散步的时间了，对孩子们说"快收拾东西吧"。

快收拾东西吧。

教师的行为

1. 孩子们完全没有收拾物品的意愿，继续玩耍。

NG

2. 因为马上就到散步的时间了，一边催促孩子们"快收拾东西"，一边自己开始帮忙收拾。

教师的想法

"为什么总是我在做？"

总是我在收拾东西！因为孩子们一直在玩，真是让人心急。唉……如何让孩子们产生"想收拾"的心情呢？

注意事项

不适宜的言行举止

- 提醒孩子："自己玩的东西自己收拾。"
- 让孩子去收拾，结果自己帮忙收拾了。

东西还没收拾好，但下个活动马上就开始了，是否很焦急？

此刻能用的
幸福话语

"××，能帮我取一下那个球吗？"
（如果孩子做到了）"谢谢！"

再收拾收拾！

幸福话语的意义

孩子们是在模仿大人的过程中养成生活习惯的。只用语言说"去收拾"是不起作用的，大人应该做给孩子们看。

如果对孩子们说"帮我拿一下那个吧"，如果孩子拿来了，一定要对孩子表示"感谢"。

孩子听到之后就会很开心，便会产生"好开心，还想帮忙"的想法。如果每天都重复这样的交流，那么就很容易养成习惯。

重点

让孩子们感受到贡献感

想让孩子们参与到劳动中的话，让孩子们自发地认为"干活好开心"是最重要的。

孩子们正在玩耍的时候如果被要求"收拾东西"，肯定会有"不想收拾"的情绪。

孩子们被问："能不能帮我拿一下那个玩具？"孩子拿来玩具的时候如果教师表示感谢，那么孩子们的情绪就会变得很好。这样的行为会逐渐促成孩子们贡献感的形成，他们也就变得"想参与劳动"了。

谢谢！

幼儿园的环境创设

给不同的物品准备固定的空间

要做的不只是把各种各样的玩具统一归并在箱子里，而是决定好在哪个柜子里放哪些东西。让人一目了然，知道每个地方都放了些什么。

创设放玩具和工具的专用空间，这样的环境有助于孩子们更好地收拾物品，也有助于教师贯彻好"用完就放回原处"这一原则。

积木　球

来园篇
室内游戏篇
室外游戏·散步篇
午餐·零食篇
卫生篇
午睡篇
离园篇

33

孩子过于活泼的时候

孩子故意爬到高处；还发出很大的声音，这时候该怎么办才好呢？

来园篇

室内游戏篇

室外游戏·散步篇

午餐·零食篇

卫生篇

午睡篇

离园篇

情景再现

等到发现的时候 2 岁的小 D 和小 E 已经爬到柜子上面了。

教师的行为

NG

1. 因为觉得很危险，就大声斥责"快下来"。

快下来！

2. 孩子开始模仿教师大声说话，即便再生气也不起作用。

教师的想法

"不要再闹了！"

因为觉得是危险行为，想要去阻止，没想到却造成了反面效果。

调皮也得有个度，差不多行了。真希望孩子能有礼貌。

注意事项

不适宜的言行举止

- 呵斥孩子"安静点儿玩""很危险快停下来"。
- 大声斥责，让孩子从柜子上下来。

是否认为只要大声斥责孩子们就能够起作用呢？

此刻能用的
幸福话语

"快从柜子上下来吧。我们来玩
隧道游戏，从这里面钻过去！"

哇！

幸福话语的意义

遇到下雨天，或是太阳下山了，孩子们如果没能够在户外玩得尽兴，特别是1—2岁的幼儿很容易兴奋地乱跑或是爬高。

即使斥责过度兴奋玩耍的孩子，教师的焦虑也不会缩减。

应当判断是否是因为缺少"（活动身体的）粗大游戏"的体验，教师们应该充分利用室内环境，创设出孩子们能够玩粗大游戏（用滑滑梯或毯子卷出隧道）的环境。

重点

关于粗大动作游戏与精细动作游戏

孩子们的游戏分为"粗大动作游戏"与"精细动作游戏"，"粗大动作游戏"是指滑滑梯等需要运动全身的游戏。"精细动作游戏"是指积木等需要孩子们坐下来动手指玩的游戏。

需要平衡好"粗大动作游戏"与"精细动作游戏"的频率。但如果雨天持续，那么精细动作游戏就会过度密集，平衡就很容易被打破。孩子们则会出现乱跑、大叫或是从高处跳下来的行为。

另外，由于孩子们的个性不同有些孩子更加需要粗大动作游戏，教师们应当摸清孩子们的欲求来改善环境。灵活地保证平衡非常重要。

粗大动作游戏
喜欢从高处跳下来，或是钻山洞的游戏。这能提升运动能力，活动身体。

精细动作游戏
动手指游戏。就像图中表示的一样，灵活地用双手将绳子从小洞中穿过，认真地玩耍。

来园篇

室内游戏篇

室外游戏·散步篇

午餐·零食篇

卫生篇

午睡篇

离园篇

35

抢玩具的时候

孩子们因为抢玩具而吵架的时候，如何回应才好呢？

来园篇

室内游戏篇

室外游戏·散步篇

午餐·零食篇

卫生篇

午睡篇

离园篇

情景再现

小 A 和小 B 因为抢玩具产生了激烈的争吵。

我先拿的！

是我先拿的！

教师的行为

NG

1. 认为"必须阻止吵架"，因此让两人相互道歉。

两人做得都不对，快道歉！

2. 孩子们都道歉了，但是双方都很不满意。

教师的想法

"有更好的方法吗？"

不管有什么理由，吵架都是不对的。想尽快解决孩子们之间的吵架，有没有更好的方法呢？实在想不出来呢……

注意事项

不适宜的言行举止

- 不由分说就对孩子们说："一定要友好相处才对。"
- 质问孩子："为什么要这么做？"

是否坚持让"两人都道歉"，结果两败俱伤呢？

此刻能用的
幸福话语

"到底是怎么回事呢？"

不是我的错。

听我说！

幸福话语的意义

对 3—5 岁的孩子来说，与人交往的游戏是主体，因此发生吵架也是再正常不过的。

教师并不是让孩子们相互道歉的"吵架仲裁者"，而应当创造孩子们能够沉下气来交流的环境。

问孩子"想怎么样呢"，并试着代替孩子解释，"×× 其实是想这么做"，诱导孩子们能和朋友好好说话。

如此一来，孩子们就能够用自己的语言思考，自身"解决问题的能力"就会提升。

重点

不要强制让孩子们道歉

不管有什么理由，我们教师都不应该强制孩子们道歉。

满足于这样对话的人不是孩子们，而是教师自身。如果强制性地让孩子们道歉，孩子的心中很容易滋生不满。

如此一来，孩子们自身解决问题的能力就不会得到锻炼。

道歉

教师的对策

首先，教师需要冷静

孩子们吵架的时候，因为教师执着于问出原因，口气很容易变得很强硬。这样孩子们容易变得沉默不语。

首先，教师应当舒一口气，尝试贴近孩子们的心情，问问他们："没事吧？"制造出能够让孩子们安心对话的氛围。

来园篇

室内游戏篇

室外游戏·散步篇

午餐·零食篇

卫生篇

午睡篇

离园篇

不喜欢运动的时候

如果有孩子不喜欢室内运动游戏时怎么办才好?

来园篇

室内游戏篇

室外游戏·散步篇

午餐·零食篇

卫生篇

午睡篇

离园篇

情景再现

大家都在体育室开心地玩耍,只有小 A 站在一旁。

孤单地

哇!   哇!

教师的行为

1. 因为有些担心,和小 A 单独相处的时候就问了她:"是不是不太会玩?"

NG

不会做这个运动吗?

2. 想要为小 A 打气,就鼓励她加入大家:"快来玩哦!"

快来和大家一起玩吧!

教师的想法

"我必须做点什么!"

　　因为小 A 很文静,所以需要我来邀请她和大家一起玩耍。
　　因为被强制性地要求加入了大家的游戏,小 A 好像和大家玩得也并不开心。没事吧?
　　我是不是应该陪小 A 一起玩?好难判断……

注意事项

不适宜的言行举止

- 不经意地就开始做比较,"大家都在做,只有 × × 没有做。"
- "不运动不行哦",强制小朋友和大家一起行动。

　　因为过于执着集体行动,是否对孩子说过"如果不……就会跟不上"之类威胁的话语呢?

来园篇

室内游戏篇

室外游戏·散步篇

午餐·零食篇

卫生篇

午睡篇

离园篇

此刻能用的
幸福话语

"老师也会一起加入的，快和他们一起玩捉迷藏吧。"

老师也会玩的，咱们一起吧？

幸福话语的意义

有些孩子不喜欢运动，就喜欢安静地独自玩耍。没有必要强制这些孩子们"和大家一起"。

最初教师应当以适合这个孩子水平的游戏鼓励孩子加入。

此时重点在于能够让参与的孩子生发出"好玩，还想玩"的心情。

如此重复，孩子们自然地就开始习惯于活动身体这件事，并开始和大家一起玩耍了。

重点

让孩子感受成功

不擅长运动的孩子肯定有他们的理由。比如对自己没有信心，或是之前在某些游戏中失败了，等等。

教师自身也要感受到运动的快乐，并把"好开心"这份心情传递给孩子们，让他们也感受得到。

最初建议带这些孩子们玩谁都可以参与的"捉迷藏"等游戏。和老师们一起寻找"有趣的事"吧。

哇，被你找到啦。

捉迷藏好好玩！

教师的对策

即使是天生不喜欢运动的孩子

与生俱来的"气质"是孩子性格形成的重要因素，但这也会随着孩子成长环境的变化以及周围大人的介入而发生变化。

不要强制孩子，老师们可以从和孩子一起观察朋友们开心运动的状态做起。

39

遇到过于调皮的孩子的时候

应当如何面对过于调皮的孩子呢?

来园篇

室内游戏篇

室外游戏·散步篇

午餐·零食篇

卫生篇

午睡篇

离园篇

情景再现

5岁的小C故意把玻璃球放进鼻孔里玩。周围的孩子看到之后都在笑。

哇!太有意思了!

厉害吧?

教师的行为

NG

不经思考就斥责孩子说:"要是从鼻子里取不出来该怎么办?"

快拿出来!

教师的想法

"恶作剧也要有个限度!"

知道对方只是个孩子,也知道有的时候孩子会哗众取宠,但是这也得有个限度。

要是不小心进了医院该怎么办?

都已经5岁了,应该能够分清事情的轻重了。但是每次都……真是没办法!

注意事项

不适宜的言行举止

- 责怪孩子:"你在干什么?这样很危险,快拿出来!"
- 因为总是不听话,最终对孩子发火:"快快停下来!"

因为想让孩子们停手,你是否变得很激动,还对着孩子们大声斥责呢?

此刻能用的
幸福话语

"快把玻璃球拿出来吧，上次有人差点没有取出来，很可怕的。"

哎，原来如此。

幸福话语的意义

孩子们（特别是男生）有时会为了博得关注而故意调皮。

如果孩子本身或是身边的朋友们不小心受伤了，那么教师就得立即出面中止。

即使孩子们当场处理得很好，但也不能保证孩子们下次不会继续调皮惹事。

教师们不应该因为气愤而对孩子进行恐吓，而是应该用心与孩子们交流。

重点

以对等的关系认真对话

生气是不行的，教师恼火起来用语言威胁孩子是最没有效果的，反而会起反作用。

如果教师因为想要阻止孩子们的行为而生气的话，孩子们的行为反而会因为想得到关注而强化。

即时一时控制了场面，但孩子们还会找别的机会继续闹。

因此，教师们不应生气，而要用心和孩子们沟通。

教师的对策

以平等的态度认真与孩子交流

为了让孩子不再犯同样的错误，要看着孩子的眼睛，认真冷静地与他们对话。比如："再这样做的话，可不好哦。"要让孩子从心底里认同，不再犯同样的错误。

来园篇

室内游戏篇

室外游戏·散步篇

午餐·零食篇

卫生篇

午睡篇

离园篇

遇到孩子出手打人的时候

孩子们吵架的时候是否有有效的回应方法?

来园篇

室内游戏篇

室外游戏·散步篇

午餐·零食篇

卫生篇

午睡篇

离园篇

情景再现

5岁的小C和小D刚才还在开心地玩耍,突然小C就打了小D。

好疼啊!

教师的行为

NG

1. 为了阻止争吵,就大声对孩子说:"快停下来!"

快停下来!

2. 先是关心了被打的小D:"没事吧?"打人的小C还在生气。

没事吧?

哼!

教师的想法

"快停下来!"

虽然都是孩子,但是出手打人还是不好的。总之,应该尽快中止争吵。看的人也会觉得很痛苦呢。
为什么要吵架呢?

注意事项

不适宜的言行举止

• 一开始就责怪打人的孩子:"打人是不对的!"

是否在责怪中否定了孩子的人格,认为打人的孩子是"坏孩子""不好的孩子"或是"让人没办法的孩子"呢?

此刻能用的幸福话语

"俩人都停手，如果有话要说，在这里讲出来哦！"

知道了！

幸福话语的意义

4岁以上孩子的吵架教师不应该过多介入，应该提供给孩子们能够自己解决问题的对话环境。

让孩子之间好好对话是关键。重要的不是孩子们说了些什么内容，而是让他们能够畅快地对话，让彼此之间心悦诚服。有时候，孩子们反而因为吵了一次架而加深了感情。

重点

教师不应该做决断

孩子之间的吵架肯定有其中的理由。教师不应该决断"吵架是不对的""快道歉""吵架双方都有责任"等这些事，应当鼓励孩子"有想说的话就说出来"，给孩子提供一个对话的平台。

如果被家长问到："昨天我家孩子说和××吵架了，没事吧？"此时，教师只传达吵架的原因就好了，不应该议论谁是谁非。听完家长的话后，建议对家长说："孩子们最终都相互和解了，请放心吧。"

动作要点

冷静一会再对话

孩子们之间尽管会相互妥协，但其情绪肯定很激动。教师不用在当下做些什么，只需稍冷静之后再自然地对孩子们说："你们能和好真是太好了。"

你们能和好真是太好了！

来园篇

室内游戏篇

室外游戏·散步篇

午餐·零食篇

卫生篇

午睡篇

离园篇

43

游戏停不下来的时候

3—5 岁

对玩得停不下来的孩子来说，是否有效果很好的对话技巧呢？

情景再现

午餐时间到了，让 5 岁的孩子"去收拾东西"，但是他们玩得太投入了，没人行动呢。

快来收拾东西吧！

教师的行为

NG

1. 再三对孩子们说："快来收拾东西。"

快来收拾东西吧！

2. 因为孩子们完全没有要收拾东西的意思，就对孩子们说："不收拾的话就不能吃午饭哦"。

快来收拾东西吧！

现在玩得正开心呢，不要！

教师的想法

"快点来收拾，唉，真是的……"

因为到了午餐时间，所以希望孩子们能快点收拾好东西。玩得入迷之后怎么什么都听不进去呢？

一会吃完饭可以从头再开始玩呀。

真是太任性了。

真让人着急。

注意事项

不适宜的言行举止

- 控制不住情绪对孩子大喊："快点收拾！""要说几遍才行呢？"
- 威胁孩子们"再不收拾的话，就没有午饭吃了哦"或是"后面就不允许玩积木了"。

是否急着要做接下来的事，就忽视了孩子们的心情呢？

此刻能用的幸福话语

（边指着钟表边说）"如果分针指到最中间的时候，就说明是吃午饭的时间到了，我们就要开始收拾东西了哦。"

那之前是可以玩的哦！

幸福话语的意义

教师们的话语应当得到孩子们发自内心的认同。

3—5 岁幼儿已经能够预测时间，因此可以一边指着钟表，一边对孩子们说："如果分针指到最中间的时候，就说明是吃午饭的时间到了，我们就要开始收拾东西了哦。"教师也应当如此有计划性地与孩子们交流。

另外，为了避免大人的安排打扰到孩子的游戏，可以设立积木专区这样的空间，便于让孩子随时开展游戏。

重点

幼儿园的环境创设

不能因为大人的节奏影响孩子们集中精力玩耍的状态，我们应当好好去守护才行。

尊重孩子的游戏，创设一个不用收拾也可以的空间是个好方法。有了吃饭或是午睡时都不受影响的游戏角，游戏就可以随时随地进行了。

任何时候都能玩自己喜欢玩的游戏（积木等）能够让孩子产生安心感，游戏也会变得精彩。大型作品是需要花时间完成的。因此我们应该用心改善环境。

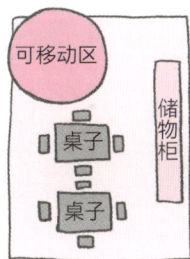

可移动区

储物柜

桌子

桌子

教师的动力

和教师一起收拾

是否认为"3—5 岁的孩子一定要学会自己收拾物品"呢？

当然，能够让孩子们主动收拾是最好的，但是不要死板地认为一定要"孩子参与劳动"，教师们也可以适当地转换心情，开心地参与到其中。试着对自己说："嗯！今天我也来帮忙吧。"

45

孩子有咬手指甲习惯的时候

发现有孩子在咬手指甲，家长也希望孩子能改正。怎么办才好呢？

来园篇

室内游戏篇

室外游戏·散步篇

午餐·零食篇

卫生篇

午睡篇

离园篇

情景再现

发现小 B 在咬手指甲。

教师的行为

NG

1. 对小 B 说"不要咬手指甲了"，小 B 便不咬了。

> 不要咬手指甲了。

2. 可是没多久，小 B 又在咬手指甲了，每次都要提醒他。

> 不要咬手指甲了。

教师的想法

"怎么做才能让孩子不再咬手指甲呢？"

　　希望孩子别再咬手指甲了，家长也在跟我说这个事：

　　说了好几遍都没有用……

　　看来只有我才能纠正孩子的这个毛病了！

　　下次孩子一咬手指甲我就要提醒他。

注意事项

不适宜的言行举止

- 当着大家的面责怪咬手指甲的孩子"快别咬了"，令孩子产生羞耻感。
- 威胁孩子："你再咬的话指甲都会变没的。"

　　是否感受到"必须帮助孩子改正这个毛病"的强烈责任感？

此刻能用的幸福话语

（孩子没有咬手指甲的时候）"××，今天没有咬手指甲真乖！"

太好了！

幸福话语的意义

孩子们咬手指甲有时是为了缓解焦虑。但是总是咬的话，指甲会被咬光，也会滋生细菌，非常不卫生。

对教师来说重要的并不是当场用语言喝止，而是在孩子没有咬手指甲的时候去鼓励他。

如果孩子因为没有咬手指甲被夸奖，那么自信就会提升，咬手指甲的状况也会改善。

重点

"不要咬手指甲"是禁语

总是咬手指甲的孩子很有可能是因为内心有压力与不安。

教师应当宽容对待这些孩子。不能咬手指甲，孩子心里是最清楚的了。

被教师训斥"不许咬手指甲"，这会增加孩子们的羞耻感。

特别要注意不要在众人面前指责孩子。

如果园内许可给孩子剪指甲，应该告诉孩子为什么这么做，一边剪一边对孩子说："咬手指甲的话，指甲的细菌会跑进嘴巴里哦。"

突然有点紧张

动作要点

观察孩子

孩子们在无聊的时候，会经常咬手指甲。

为了让孩子们不咬手指甲，专心游戏，应当确认孩子与其他小朋友是否有好的交流，要多多地关心他们。

来园篇

室内游戏篇

室外游戏·散步篇

午餐·零食篇

卫生篇

午睡篇

离园篇

不想画画的时候

如果有的孩子不想画画，该对他说些什么好呢？

来园篇

室内游戏篇

室外游戏·散步篇

午餐·零食篇

卫生篇

午睡篇

离园篇

情景再现

小 A 不想画画。

教师的行为

小 A 对老师说："老师，你帮我画吧。"老师对孩子说："你能画得很好，对吧？"

NG

你能画得很好，对吧？

老师，你帮我画吧。

教师的想法

"怎么办才好呢。"

　　孩子总是很轻易就说不想画画，再有点耐心就好了。
　　是不是不能很好地激发起孩子们的干劲呢？其实可以画得很好的。

注意事项

不适宜的言行举止

- 用同一句夸奖的话语："画得不错哦。"
- 教给孩子们正确的画画方式："这样画。"

是否要求孩子必须"这样画"？

此刻能用的幸福话语

"不用勉强画哦！"

可以吗？

幸福话语的意义

孩子们不想画的时候可以不用勉强，可以让孩子去玩一些像沙池游戏、玩水游戏等能够让孩子们投入的游戏。建议用1—3个月的时间去等待。

本来画画就是一种表现活动，只要自由表现即可。教师们没有必要对孩子们画的画做出"好或是不好"的评价。

也就是说，重要的是认可孩子自身的表现。

教师们也不要擅自决定"天空是蓝的，太阳是红的"，要让孩子们自由去表现。

重点

不使用评价性语言

孩子们通过反复玩沙子或是戏水，内心会悄悄地发生变化，会自然地产生"想画画"的心情，这时要注意不要过度夸赞孩子"好厉害"或是"好在行"。以防孩子们会为了得到评价而行动。

也就是说，孩子们画画不是因为真的"想画画"，而是想被夸奖"好厉害"，是为了得到评价而画画。

这样一来，如果画不好就会失去自信，就会请求老师"帮忙画"，这样很有可能会变得被动，很容易浇灭孩子们想做、想看以及想了解的心情。

当然，教师们给孩子们范画，并指示说"这样画"类似的行为也是不建议的。

再上一层楼！

如果孩子只用黑色画画的时候

如果观察到孩子们只用黑色或是茶色的单色画画，这其实表明了孩子当时的心情。

教师们不要问孩子："为什么只用黑色？发生什么了吗？"可以什么都不说，在心里记下孩子们"用黑色画了画"，之后就静静观察孩子们其他的活动就行。

（分年龄）
室内游戏

随着孩子的发育成长，游戏也会变化，这个部分为大家介绍孩子不同年龄的发育过程和适宜的室内游戏。

0岁 眼和手的协调

0岁孩子出生后会经历颈部坐稳、翻身、爬行、站立爬行、扶墙站立、扶墙走、正常走路的过程。

如果可以坐立，并且自由用手时，就需要眼和手的协调了。

预备知识　　这个时期的发育过程

月龄	粗大动作游戏（全身）	精细动作游戏（手部）
3—6个月	颈部坐稳，侧躺时能够翻身	能够抓住玩具，能伸手抓东西
6—8个月	能翻身，能爬行，可以独立坐稳	能够换玩具，能用大拇指，食指，中指来抓东西
9—12个月	能够扶墙站立，并且扶着墙走，能够从坐着的位置站起来	能够开关瓶盖，能够用拇指和食指来拿东西。能够捡线头，放小东西，并且能够拿着笔画画

这个时期能玩的游戏

月龄	游戏内容与对话技巧
出生后1个月—3个月	用手撑住孩子的头部，与婴儿目视对话，促进孩子的语言发展
3个月左右	让孩子趴在床上，并且伸出孩子的双手。用手撑起孩子的头部，摸着孩子的背，促进孩子颈部的发育
6个月左右	让孩子双手拿着能发声的玩具，如果发出声音了就对孩子说"好好听的声音哦"，让孩子熟悉音色
8—10个月左右	让孩子趴着，并在孩子的背上放置玩具。唱着歌，发出声响，让孩子原地旋转（参照35页）
10个月左右	如果孩子能够用两根手指抓东西的话，可以利用圆环和手绢让孩子抓着玩。可以尝试让孩子多玩几次
11个月左右	可以让孩子推着纸箱子走路。可以给孩子们唱关于汽车的歌曲，孩子们肯定会很开心

颈部练习

抚摸孩子的背，温柔地对他说："很厉害哦。"

推箱子走

为了训练孩子扶物走的能力，可以先从推着箱子走开始练习。

1岁　探索游戏

1岁孩子的特征就是喜欢探索和发现，建议为他们创造能够随处玩耍的环境。

孩子在发现好玩的东西的时候，教师可以共同感受孩子的心情。这样孩子就能够感受到发现和感动的喜悦了。

如果探索游戏很充分的话，孩子会感到满足。如果不足的话，孩子很容易爬高或是乱跑，让孩子们多多去体验探索游戏吧。

预备知识　这个时期的发育过程

月龄	粗大动作游戏	精细动作游戏
1岁—1岁2个月	能够走2-3步	能取出杯子中的小颗粒
1岁2个月—1岁4个月	能够穿鞋走路	能够把两个积木竖着叠起来
1岁4个月—1岁6个月	能够跑	能把一个杯子的水倒进另一个杯子里面去
1岁6个月—1岁9个月	能够独自上一层台阶	能够用铅笔画圆
1岁9个月—2岁	能够踢球	能够把两个积木横着接起来

这个时期能玩的游戏

月龄	游戏内容·对话技巧
取出来放进去	孩子开始用手指把球取出来、放进去玩耍。可以把塑料饭盒的盖子剪出小口子，比如剪成圆形，可以放入圆环等
独自重复游戏	孩子们会重复取出来、放进去的游戏。可以对孩子发问："咦，去哪里了？"他们一定会很开心
搭积木游戏	刚开始孩子是不太会搭积木的，教师们可以帮忙。可以重复以下步骤：孩子们拆毁—教师很开心—教师再搭积木—孩子再拆毁
摆放游戏	这个阶段孩子能够把凌乱的东西摆放整齐。可以帮孩子们准备塑料杯以及长方形小箱子
过家家游戏	这个阶段开始玩过家家的游戏。1岁的孩子刚开始的游戏内容是用餐，可以为他们准备勺子和小碗
拉车游戏	孩子们非常喜欢把玩具装进车里拉着玩，可以在小车上穿上绳子。建议对孩子说："把这个玩具也放进去吧。"

取出来，放进去

为孩子准备一些能够用手拿起的材料。

摆放游戏

当孩子叫你去看他们摆好的玩具时，一定要毫不犹豫地鼓励他们。

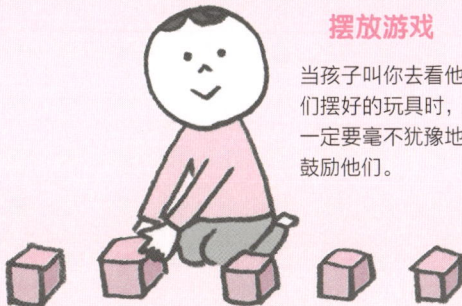

3—5 岁　投入到自己喜欢的游戏当中

这个时期的孩子什么事都喜欢自己做。因为他们非常喜欢活动身体，因此开始从高处往下跳，跟着节奏歌唱舞蹈，以及扔球等行为。

收集玩具摆着玩，或是根据种类和颜色的不同玩耍，等等，游戏会变得更加丰富。

预备知识　这个时期的发育过程

月龄	粗大动作游戏	精细动作游戏
2岁—2岁3个月	两条腿可以来回踢动	能够吊在单杠上
2岁3个月—2岁6个月	两腿可以配合交替上楼梯	能够模仿大人画直线
2岁6个月—2岁9个月	能够原地转圈	能够模仿大人画圆
2岁9个月—3岁	可以单腿站立2—3秒	能够用剪刀剪纸

这个时期能玩的游戏

游戏	游戏内容·对话技巧
收集，填充	能够把同样颜色或是同样种类的物品进行分类。可以为孩子准备箱子和盒子。教师可以对孩子们说："哇，都装满了。下次再给我看看哦。"
移动替换	非常喜欢把东西放进空的容器里，可以为孩子准备圆环、球和勺子。如果孩子玩得很投入，就可以默默守护他们
汽车游戏	男孩非常喜欢玩汽车，比起电动小汽车，木制的小汽车更适合。孩子常会把自己当作小汽车拉着玩
照看游戏	为孩子们提供背绳、碗和勺子。这个阶段孩子喜欢喂食等照看游戏，教师可以多多让孩子们体验这样的游戏
桌上游戏	手指会变得更加灵敏，更喜欢玩桌面游戏。建议提供纸、贴纸、糨糊、剪刀、图标、模型和穿绳积木

扔球

孩子开始愿意和他人交流时，可以通过扔球的游戏锻炼他们的注意力和意志力。

收集游戏

2 岁的孩子是小小收藏家，不知不觉袋子里面就会装满了东西。

贴纸游戏

和 1 岁的时候相比，手指会灵活很多。坐在桌子前的游戏时间也会延长。

52

3—5岁　擅长结构型游戏

3—5岁幼儿社会性逐渐发展，从单人游戏渐渐发展到"合作游戏"。手也会变得灵巧，开始折纸，使用剪刀和糨糊，游戏的范围增大。

此外，孩子们会开始积极玩积木等结构性游戏。通过积木来构建自己的经验，这能锻炼孩子们的记忆力、想像力、美感以及观察力等。

这个时期的发育过程

预备知识

月龄	粗大动作游戏	精细动作游戏
3岁—3岁4个月	能翻跟头	能扣扣子
3岁4个月—3岁8个月	能立定跳	能用铅笔和蜡笔画十字
3岁8个月—4岁	能单腿跳几步	能够按照直线剪纸
4岁—4岁4个月	能站立在秋千上，并会用双腿发力	能够抓起弹性球
4岁4个月—5岁	能左右腿交替跳着走	能折纸飞机

和3岁孩子玩耍的要点

3岁的孩子有不服输的特点。这个特点对今后不服输的性格培养有很大的影响，教师们应该好好关注这一点。

这个时期能玩的游戏

游戏	游戏内容·对话技巧
过家家	可以决定好妈妈爸爸的角色玩过家家的游戏。还可以准备好水盆、碗和衣夹子，让游戏变得更加真实。教师在参加的时候还可以对他们说"哇，这个好好吃"，或是"这个味道有些淡，再放点盐"之类的话。
结构游戏	孩子们可以利用想象力用积木堆城堡，孩子们会由此获得成功的喜悦，并把握空间识别的相关知识。为了让孩子的游戏不中断，可以确保专门玩游戏的空间。完成时记得鼓励孩子，共享喜悦
精细游戏	可以使用智力玩具或串珠拼图来制作美丽的图案。教师不要中途去打断孩子的游戏，最好静静地陪孩子玩到最后
角色扮演	例如有医生游戏、美容院游戏等不同职业的游戏。可以告诉孩子："在美容院会被问到你的头痒不痒之类的问题哦。"
规则游戏	开始玩卡片游戏、版图游戏等规则游戏。和朋友们一起遵守规则游戏就会变得很有意思。能够通过游戏掌握和朋友们相处的能力

折纸

纸能折出动物、箱子、花等各式各样的东西，一起看书一起折纸吧。

过家家

和好朋友分配好角色玩过家家。可以协助她们玩得更加逼真哦。

如何面对说话方式不雅的孩子

孩子到了 4—5 岁，就会说一些"笨蛋""去死"之类不雅的词汇。作为老师，你是否在纠结这种情况下该如何教育孩子呢？

表达教师的心情

其实令老师们不悦的言语，比如"笨蛋"这些都是因为"大家都在说"，也就是作为游戏的口头语来使用，并没有什么特别的意义。

如果你想要阻止孩子们说这些话，不妨把你的想法告诉他们。

比如，"我不想有人在班级里这么说话"，或是"听了之后会不开心"，也就是向大家传达"我"听了这样的对话，是"这么想的"。或是提醒孩子换位思考，比如，"如果你是老师的话该怎么做呢？""会怎么说呢？"

如果孩子不是对着同伴，而是对着教师这么说的时候，那很有可能是因为孩子希望得到老师的关注。这时不应责怪孩子"快住口"，而应该说"这么说我会伤心的"，向孩子传达自己的心情。

此外，要每天观察孩子的行为，在游戏中增加与孩子的相处时间。

第三
部分

室外游戏·散步篇

游戏的时候，教师应当将孩子们的安全放在第一位。
在这一部分中我们会与大家分享面对不同危险时的
回应方法。

穿不好鞋子的时候

如何能让想自己穿鞋子的孩子穿好鞋子?

情景再现

2 岁的小 A 想要自己穿鞋子,可总也穿不好。

教师的行为

NG

因为太花时间了,心想"小 A 自己肯定穿不了",于是就帮她穿了。

> 自己肯定穿不了!

教师的想法

"太忙了,没时间等她。"

大家就要出去散步了,希望孩子能动作快一点,但是孩子却说要自己穿。

自己肯定穿不了,还不如我去帮她呢。

我也了解孩子的心情,但是怎么做才好呢。

注意事项

不适宜的言行举止

* 对孩子说"自己肯定穿不了吧"之类的话语,伤害了孩子刚刚萌发的自尊心。
* 如果孩子不听话就突然说"这样肯定不行",否定孩子。

比起孩子们想自己做的心情,是否在优先考虑自己的心情呢?

来园篇

室内游戏篇

室外游戏·散步篇

午餐·零食篇

卫生篇

午睡篇

离园篇

来园篇

室内游戏篇

室外游戏·散步篇

午餐·零食篇

卫生篇

午睡篇

离园篇

此刻能用的幸福话语

（在孩子自己不太会穿鞋子的时候）
"我来帮你穿吧？"

好开心！

幸福话语的意义

2 岁的宝宝什么都想自己动手。即使自己穿不了，但让孩子感受到"自己成功了"的成就感会成为他们成长的动力。

先不要强制帮孩子穿，觉得他们"自己肯定穿不了"，应当优先考虑孩子们"想要自己穿"的心情，让他们尽情去挑战吧。

如果总是穿不好，孩子心情变得暴躁的时候，再上前对孩子说"我来帮你穿吧"。

重点

为孩子们准备容易穿的鞋

孩子们散步用的鞋子不应该光注重外观设计，应当让家长选择"孩子好穿的鞋"。

好穿的鞋应当是鞋口处较大，并且脚跟处有提鞋把手的设计。

开口处越大的话，脚会更容易放进去。脚跟的设计也会帮助孩子更容易穿好鞋。

如果提鞋的把手比较小的话，教师可以在鞋跟处安上提鞋环（或是塑料的圆环）。

孩子拉着这个圆环，穿鞋子就会容易很多。

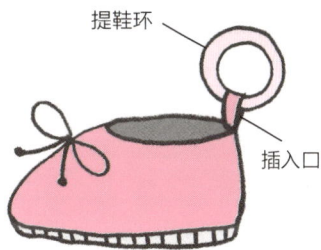

提鞋环

插入口

动作要点

开始学穿鞋的时候

为了让孩子学会穿鞋，大人应当做好示范。教师可以坐在孩子面前，一边拉开鞋口，一边说："先放脚尖，再放脚跟。"

等到孩子渐渐熟练后，教师们就不宜再插手了。

生活习惯是在每天的生活中积累形成的，让我们轻松地放手吧。

不想坐散步推车的时候

孩子不想坐推车，该说什么才好呢？

来园篇

室内游戏篇

室外游戏·散步篇

午餐·零食篇

卫生篇

午睡篇

离园篇

情景再现

大家都准备出发去散步了，但 1 岁 6 个月的小 D 却不愿意坐上散步推车。

不

教师的行为

NG

1. 即使对小 D 说"不坐车的话就不带你去"，小 D 也无动于衷。

不坐车的话就不带你去。

2. 强行让小 D 上车，结果把他弄哭了。

教师的想法

"不行就是不行！"

虽然知道他不想坐车，但是今天要去很远的公园散步，不坐推车是不行的。对不起啦，小 D。

比起哭鼻子，还不如上车和我们一起出发呢。

注意事项

不适宜的言行举止

- 对孩子说"必须坐车"，强制让其上车。
- 威胁孩子："不坐车的话就不带你去。"

是否放任孩子在车上哭泣呢？

来园篇

室内游戏篇

室外游戏·散步篇

午餐·零食篇

卫生篇

午睡篇

离园篇

此刻能用的
幸福话语

"想走路的话，要牵手一起走哦。"

想走路。

幸福话语的意义

如果强制把哭泣的孩子放进推车里，因为需要照顾哭泣孩子的心情，散步的时间会因此缩短。想要保持散步的好心情，又不能强制把孩子放进车里，重要的是教师应当知道孩子到底想做什么。

如果孩子是想自己走路，那么就需要尊重孩子的心情，在安全的范围内告诉他们"想走路的话，要牵手一起走哦"或是"扶着推车一起走哦"。

重点

过一会再问一遍

孩子没有选择坐推车而是选择走路的时候，教师们可以看准时机再问问孩子想不想"坐车"。

大部分情况下，很多孩子只要走一小会，"想走路"的心情就得到满足了，便会没有抵抗地坐上车。

重要的是孩子们要"认同"坐车这件事。刚开始不应该强迫他们，应该顺其自然地引导，让他们体会到"自己做选择"的心情。

今天我们一起去坐车！

第二天的对话技巧

改变词尾

第二天教师可以先对不想坐车的孩子说："今天我们一起去坐车！"

不是"一起坐车吧？"，而是"一起去坐车"，这个技巧是关键。

今天我们一起去坐车。

摔倒的时候

孩子在公园摔倒后哭了，快告诉我解决的方法。

情景再现

2岁的小E摔倒了，在大哭。

教师的行为 NG

赶紧跑过去抱着孩子安慰她："不疼吧？"

我们已经是姐姐了，不哭。

教师的想法

"没怎么受伤就是万幸了。"

幸亏没怎么受伤。总之就是赶紧跑过去抱起了孩子。得赶快安慰她。孩子们一直哭的话就太可怜了。

注意事项

不适宜的言行举止

- 在孩子哭的时候说"这个不疼哦"。
- 笑着说："哭的话会被大家笑话哦。"

是不是孩子一跌倒就要赶紧抱起来？

60

此刻能用的
幸福话语

"很疼吧？没关系的哦。"

恩，没事。

幸福话语的意义

　　孩子摔倒的时候，教师首先要判断孩子们"是否能够站起来"。认为"有必要帮助"就马上抱起来，如果"能自己站起来"，就一定尊重孩子"自己站起来"的意愿，守护他们。

　　安慰站起来的孩子："肯定很疼吧？"随后必须确认伤口的情况，进行适当的处理。

重点

有魔法的语言

　　孩子一直在哭泣的时候，可以抱抱孩子告诉他"不哭也是没关系的"。

　　"没关系"是能够让孩子安心的万能语言。紧紧地抱着孩子，让他们感受到安心感。

　　其实，从以前流传下来的"飞呀飞呀，疼痛都飞走啦"这句话有消除孩子们不安的神奇魔力。一边揉着孩子摔痛的地方，一边唱着这句话很有效果。

飞呀飞呀，疼痛都飞走啦。

处理方法

如果发生在公园

　　如果在公园擦伤了，应该先拿活水清洗伤口。

　　但不同的幼儿园有不同的处理方法（有些家长会在幼儿园保管孩子专用的消毒液），所以处理之前要先搞清楚自己幼儿园的做法。

来园篇

室内游戏篇

室外游戏·散步篇

午餐·零食篇

卫生篇

午睡篇

离园篇

不好好排队的时候

如果孩子不排队该怎么办?

来园篇

室内游戏篇

室外游戏·散步篇

午餐·零食篇

卫生篇

午睡篇

离园篇

情景再现

2 岁的孩子们在公园的平衡木上玩耍,但是都不愿意排队。

教师的行为

NG

1. 对孩子们说:"要按顺序哦,等一等。"

要排队。

2. 因为孩子们完全不听话,就对着他们大喊了。

排队!

教师的想法

"听到了吗?"

说了几遍都不听我说的话。

他们的确玩得很开心,但是我说的是规则,希望他们能听进去。

不按顺序的话一会又要发生争吵,怎么办才好。

注意事项

不适宜的言行举止

- 提醒孩子:"××,要按顺序,排队!"
- 质问孩子:"为什么不排队?"

是否教给孩子排队就是规则?

此刻能用的
幸福话语

"谢谢排队哦，下一个马上到你了。"

知道啦。

来园篇

室内游戏篇

室外游戏·散步篇

午餐·零食篇

卫生篇

午睡篇

离园篇

幸福话语的意义

如果孩子不排队的话教师肯定会很头疼，因为2岁幼儿还没有"按顺序玩耍"的概念。不能口头上让孩子排队，还要有行动。比如有孩子不排队，而且已经打扰到在玩耍的人时，应当叫住他，并且和孩子一起等待自己的顺序。

比起单纯地让孩子排队，在孩子排好队的时候对他们说声感谢，传达自己喜悦的心情，效果要好得多。

重点

没有排队的概念

虽然存在个体差异，但是排队，也就是"等待"这一社会行为的萌发要等到3岁以后。

比起和大家一起玩耍，2岁的孩子更倾向于自己玩喜欢的游戏。

教师们要求2岁的孩子排队，孩子们只知道自己被老师批评了，并不知道这是为什么。

动作要点

悄悄地抱抱孩子，握着孩子的手

想让孩子排队的时候，教师不妨坐下来，双手轻轻地抱抱孩子，牵牵他们的手。

63

散步回园路上孩子们磨蹭的时候

孩子们迟迟不肯回去，老师却想早点回去，该如何是好呢？

情景再现

散步回来的路上，1岁的小A盯着蚂蚁队列，一动不动。

教师的行为

NG

1. 老师走在队列的最前面，大声对孩子喊："快走了！"

快走了！

2. 即使大声喊，孩子也没有反应，于是就走到孩子身边，边喊着"快走啦"边拉着孩子离开。

哎呀，快走啦！

教师的想法

"快点啊。"

好奇心旺盛是好事，但是已经快到午饭的时间了，希望能早点回到幼儿园。还是让孩子早点回去吧，要不就赶不上午饭时间了。

注意事项

不适宜的言行举止

- 抱起孩子，"我们要赶紧回去了。"
- 因为很着急，赶紧拉起了孩子的手。

是否了解孩子们到底对什么感兴趣才停下脚步的呢？

来园篇 室内游戏篇 室外游戏·散步篇 午餐·零食篇 卫生篇 午睡篇 离园篇

来园篇

室内游戏篇

室外游戏·散步篇

午餐·零食篇

卫生篇

午睡篇

离园篇

此刻能用的
幸福话语

"哇！是小蚂蚁，好有趣。"

老师也很感兴
趣呢，好开心。

幸福话语的意义

老师在午饭前需要做的事情的确很多，但是接受孩子发现新鲜事物时的喜悦也很重要。

那之后，抱起孩子对他们说："现在已经到午饭的时间了，我们先回去吧。"告诉孩子们接下来要做什么，或者把孩子放进散步车，转换下心情也十分重要。

重点

1 岁孩子的关注点是："快看，我发现了！"

我们可以看看 1 岁孩子的心境：发现了些什么很开心，想把这份喜悦分享给老师，想让老师也感受到这份喜悦，老师开心的话会更开心，更想发现些什么很开心，分享给老师……如此循环下去。这个时期是幼儿好奇心非常旺盛的时期。大人共同感受孩子们发现的事物，并培养他们的发现与感动的喜悦

很关键。

那么教师们尽可能地去分享孩子们的发现吧。

哇！

行为要点

看孩子们在看的

教师要珍惜孩子们所看到的，以及所感受到的。

孩子发现好奇的事物时，可以问孩子："有好多小蚂蚁，它们在干什么呢？"

教师们可以把和孩子们一同参与发现的喜悦转换成语言，促进彼此的交流。

恶作剧的时候

孩子们的恶作剧真的超出我的想象，我该不该生气呢？

来园篇

室内游戏篇

室外游戏·散步篇

午餐·零食篇

卫生篇

午睡篇

离园篇

情景再现

小 D 在给鲜花浇沙子，还撒向其他的小朋友。

教师的行为

NG

1. 打了小 D 的手，提醒他"不许乱撒沙子"。

不许乱撒沙子！

2. 教师没有管在哭泣的小 D，忙着打扫撒在花上的沙子。

教师的想法

"不能原谅。"

　　不管是不是孩子，都不能允许他们随意糟蹋辛勤培育的花草。

　　而且还对着其他的小朋友撒沙子……所以就打了他的手。

　　因为是男孩子，所以对养花没什么兴趣吗？

注意事项

不适宜的言行举止

- 对孩子说"不许乱撒沙子"，并打了他的手。
- "这么做的孩子不是好孩子"，发表否定孩子人格的言论。

　　被孩子的行为气到了，便冲动地发起了火，是否忘了什么才是重要的事呢？

此刻能用的
幸福话语

（对着花说）"你肯定不喜欢被撒沙子吧？"

原来是这样啊。

幸福话语的意义

因为孩子并没有觉得"给花浇沙子"有什么不对，所以很冲动地对着孩子发火并不能解决问题。传递给孩子们的只是教师生气的情绪，并不知道自己为什么做得不对。

比起责怪孩子，可以给孩子解释："小 D 也不喜欢别人把沙子撒到你的脸上吧？""如果把沙子撒到花上的话，花会枯萎的。"客观地把结果讲给他们听，并和孩子一起动手把沙子清扫干净。

重点

这个年龄段的孩子还不能做出善恶的判断。"给花浇沙子"只是孩子们一时兴起，他们并不认为这是不好的行为。

"如果把沙子撒到花上的话，花会枯萎的"，尽管浅显易懂地给孩子解释原因是非常重要的，但是孩子们最终能搞清楚是怎么回事是需要时间的。

善？　恶？

动作要点

和孩子们一起承担责任

对孩子说："一起来清扫沙子吧！"让孩子在做了某件不合适的事情之后承担起责任，等孩子把撒在花上的沙子收拾干净后再对他们说声感谢。

来园篇

室内游戏篇

室外游戏·散步篇

午餐·零食篇

卫生篇

午睡篇

离园篇

67

强加个人意见的时候

到了大班，总有孩子会把意见强加给别人，该怎么办呢？

情景再现

5 岁的小 S 在外出散步时说，"不想和小 B 拉手，想和小 G 拉手！"

不想和小 B 拉手！

想和小 G 拉手！

教师的行为

NG

1. "今天就忍耐一下吧。"

今天就忍耐一下吧。

2. 看着孩子牵手非常不情愿，就生气了，"别闹了！"

小 S, 别闹了。

教师的想法

"任性是行不通的。"

幼儿园不是自己的家，要遵守这里的集体生活规则，任性是行不通的。

是园里年龄最大的孩子了，这么任性上了小学可怎么办？

注意事项

不适宜的言行举止

- 让孩子忍耐："今天就忍耐一下吧。"
- 干涉孩子："今天和 ×× 拉手吧。"

你是否解决了"任性"儿童的问题呢？

来园篇

室内游戏篇

室外游戏·散步篇

午餐·零食篇

卫生篇

午睡篇

离园篇

此刻能用的幸福话语

"那你觉得和谁牵手好呢？你去问问看吧，帮你换。"

好的，我去问问看。

幸福话语的意义

孩子表示不想拉其他孩子的手，如果教师责怪孩子任性的话，这很容易剥夺孩子自己判断事情的机会。

应该让孩子思考："如果讨厌与××拉手的话，怎么办才好呢？"

教师可以给孩子建议："去和想拉手的人商量。"

如果事情没有像自己想的那样发展也没有关系，这种挫败体验正好是促进孩子成长的能量。

重点

避免干涉

让孩子自己处理，肯定更花时间，还会耽误出发的时间。

但孩子自己解决问题，才能心服口服。教师尽量不要干涉。

在经历了忍耐以及困窘之后，孩子们与人交往的能力才会得到锻炼。

自己去交涉吧。

一起拉手吧。

嗯

重点 2

让孩子们自己来解决

经常会发生"不想和他/她牵手"的情况。解决问题的方法之一就是让孩子决定选择牵手的对象，而不是让老师决定。

可以提议："你们自己商量决定散步的时候和谁去牵手吧。"说不定你就能看到孩子们早上就一起商量拉手的情景哦。

一起拉手吧。

嗯

乱摘花朵的时候

看到孩子随意摘下花园里的花，应该提醒他们吗？

来园篇

室内游戏篇

室外游戏·散步篇

午餐·零食篇

卫生篇

午睡篇

离园篇

情景再现

小 E 摘下了大家辛勤养在花园里的花。

教师的行为

NG

1. 大声斥责了小 E。

这样做不对！

2. 因为小 E 并没有反省，所以打了小 E 的手，责怪了她。

打手

教师的想法

"必须要好好教训一下才行。"

不能随意糟蹋大家辛苦培育的花，这点他们应该清楚吧？

为了小 E 的将来考虑，也必须要教训她一下。

因为是女孩，所以教训的时候也不能太伤她的面子。

注意事项

不适宜的言行举止

- 质问孩子："知道不能摘花吧？为什么要这么做呢？。"
- 责备孩子："为什么只有你摘花呢。"

是否让孩子说过"下次再也不会这么做了"之类的话呢？

此刻能用的幸福话语

"啊，你摘下来了啊？这是大家一起养的花哦，老师会伤心的。"

……

幸福话语的意义

先不要马上责怪孩子摘了花，可以先向孩子传达"这是大家一起养的花哦，老师会伤心的"的心情。

之后一定要倾听一下孩子的理由。肯定有他们这么做的理由，比如"想送花给喜欢的男孩子"。

有时孩子可能会在向教师解释理由时意识到自己的不对。

重点 1

不质问孩子

教师在向孩子传达重要的事情时，不要因为过于激动而变得感性化，注意说话的语气。

比如，质问孩子："为什么摘花？""是怎么回事？"或是让孩子们保证"下次再也不会这么做了"之类的话只是满足了大人，孩子们也许只感觉到自己被骂了。

为什么摘花？

是怎么回事？

对不起呢？

重点 2

孩子们的理解

教育孩子时重要的不是让教师满意，而是要得到孩子们的理解。让孩子们思考："如果大家都去摘花的话，那么花会变成什么样？"让孩子们自己说服自己。这比责备以及让孩子们保证下一次不这么做要有效得多。

如果大家都去摘花的话，那么花会变成什么样？

来园篇

室内游戏篇

室外游戏·散步篇

午餐·零食篇

卫生篇

午睡篇

离园篇

71

故意杀死虫子的时候

男孩杀死虫子的时候，该如何进行引导呢？

来园篇

室内游戏篇

室外游戏·散步篇

午餐·零食篇

卫生篇

午睡篇

离园篇

情景再现

5岁的小 N，在院子里故意踩死了虫子。

教师的行为

NG

1. 因为太残忍了，所以就叫了出来。

> 快住手！

2. 因为无法理解，所以就生气地对小 D 说："为什么要做这么残忍的事？"

> 为什么要做这么残忍的事？

教师的想法

"无法理解。"

　　孩子竟然杀死虫子玩，完全无法理解。我应该如何是好？
　　光生气也没用，太无助了。

注意事项

不适宜的言行举止

- 主观性地去批评："不能做这么残忍的事。"
- 教师只是大惊小怪，并没有处理虫子的尸体。

　　是否不由分说就命令孩子"不能做这么残忍的事"？

来园篇

室内游戏篇

室外游戏·散步篇

午餐·零食篇

卫生篇

午睡篇

离园篇

此刻能用的
幸福话语

"快看，活不过来了吧？"

果然活不过
来了……

幸福话语的意义

这个阶段的主要目
标是让孩子们知道"生
命的重要性"。但是孩
子们杀死虫子玩耍的行
为是常见的。即使教师
自身很害怕虫子也要镇
静。

比起感性地斥责孩
子"不许做残忍的事"，
我们可以问孩子"快看，
活不过来了吧？"这样
的问题，客观地让孩子
思考自己所做的事，让
他们意识到小生命已经
活不过来了。

死掉的虫子不应该
由教师而应该让孩子自
己去处理。

重点

让孩子负责到底

即使教师很害怕虫子，如果死掉的
虫子被放在眼前也不应该把虫子扔进垃
圾箱。如此一来，就不能让孩子感受"生
命的重要性"。

如果孩子已经意识到小生命无法挽
回，那么可以陪孩子一起为小虫子做个
小坟墓。

"做坟墓"纪念并不是重点，重点

是让孩子"为自己做的事负责到底"。

为了感受生命的重要性，也可以在
教室里养虫子，创造一个在日常就可以
和生物接触的环境。

可以在教室里准备好图鉴，比如"虫
子的一生"，以便孩子们能够自己去查
阅自己感兴趣的内容。

如果教师把虫子扔进垃圾箱，孩子
就什么都学不到。

即使孩子不愿意也要让他们
负责到底。

做危险游戏的时候

到了大班，很多孩子会控制不住自己去玩危险游戏。怎么办才好？

来园篇

室内游戏篇

室外游戏·散步篇

午餐·零食篇

卫生篇

午睡篇

离园篇

情景再现

运动能力很强的小 G 将双腿倒挂在单杠上，向朋友们夸耀自己的能力。

教师的行为 NG

1. 一发现就马上对孩子喊到："快下来，太危险了！"

> 快下来，太危险了！

2. 走到小 G 身旁，对他说："为什么这么做？下次不许这么做了。"

> 为什么这么做？下次不许这么做了。

教师的想法

"没受伤真是太好了。"

吓坏我了。没受伤太好了。为什么要做这么危险的事？
无法理解。
生气也没用吧。

注意事项

不适宜的言行举止

- "快下来，太危险了！"
- "适可而止！""为什么只有你这么做呢？""怎么说了几遍都不听呢？"

是否在责备孩子的时候伤害到了他们的自尊心？

此刻能用的
幸福话语

"快下来哦。"（用坚决的态度）

幸福话语的意义

孩子有时会因为想要吸引注意力而做危险的事情，此时教师一定要阻止孩子的行为。

但是，如果在远处呼喊孩子让他们停下来，只会让孩子更得意。

"最想传达给孩子们的"＝"让他们停下来"，这个需要走到孩子身边，看着他们的双眼，冷静认真地传达。

之后就等孩子自己下来。

重点

不随意发火，但态度要坚决

冲动地对做了危险行为的孩子发了火反而会引起负面效果，并且会让孩子重复这些行为。

教师应该在责备之前确保孩子的安

我一直在你身边哦！

这下我就安心了

孩子的感情。

全。然后用坚决的态度问孩子："为什么这么做呢？讲给我听听。"

想要引人注意的孩子肯定希望教师也更注意到自己。为了让孩子能够感受到教师"想要更加了解自己"的讯息，就需要和孩子构建好信赖关系。

如果孩子很好地感受到了教师的关爱，那么想要引人注意的行为就会变少。

来园篇

室内游戏篇

室外游戏·散步篇

午餐·零食篇

卫生篇

午睡篇

离园篇

75

散步时不想走路的时候

孩子不想好好走路的时候怎么办?

来园篇

室内游戏篇

室外游戏·散步篇

午餐·零食篇

卫生篇

午睡篇

离园篇

情景再现

散步去了比平时更远一些的公园,回来的路上小F抱怨太累了。

好累啊。

教师的行为

NG

1. 鼓励孩子:"不要那么说,加油吧!"

不要那么说,加油吧!

2. 看到孩子走得很不情愿,就生气说到:"好好走路!"

好好走路!

教师的想法

"大家都一样。"

不光是小F,大家都是一样累,希望小F能意识到这一点。

大家都没有抱怨,所以就一起走吧。

是不是比起生气,鼓励他们继续走下去会更好一些?

注意事项

不适宜的言行举止

- 拉起孩子的手,"不要坐了,快走回去吧"。
- "××都在加油走路呢,你也加油!"

是否居高临下地命令孩子要加油?

此刻能用的
幸福话语

"我也累啦！"

咦？老师和我
们一样累？

来园篇

室内游戏篇

室外游戏·散步篇

午餐·零食篇

卫生篇

午睡篇

离园篇

重点

解构教师与孩子的这层关系

一定要知道教师站在和孩子同样的"视线"看问题的必要性。正面说教往往走进不了孩子的内心。

教师们需要丢掉大人这个标签，成为孩子们的"朋友"。只有和孩子构建对等的关系，孩子们才会感觉到"老师理解我们"的亲近感，信赖关系也会更深入。

我也是一样的心情哦。

嗯

幸福话语的意义

对5岁孩子来说，正面攻击式的要他们加油效果会欠佳，也许孩子依旧不想动或是不停地抱怨。即使孩子心里也清楚"不得不走"这个事实。

这时，老师表现出疲劳并坐下来和孩子们一起休息也是一种方法。

师生间并不是"教与学"的关系，而是将自己也融入孩子们的世界当中去。如此一来，孩子们也会觉得"没办法"，说不定会改变主意。

和孩子们的对话技巧

和孩子一起配合

5岁的孩子已经有判断是非的自我意识。如果老师抱怨很累不想走路时。肯定会有认真的孩子站出来鼓励大家坚持下去。

于是，不想走路的孩子和老师就会转换心情，和大家一同走路了。

要好好走路哦。

77

和解吵架的心得

孩子们吵架了该如何劝架呢？让双方互相道歉、
生气或者安抚哭泣的孩子……
我们可以从以下内容中获取问题的解决方法。

吵架是必然的

2岁为止孩子们多是与物品或是独自游戏，3岁开始与小伙伴之间的互动增加了。

在互动游戏中发生吵架也是必然的。孩子在吵架的过程中也能理解他人的想法。所以要有一颗"温柔的心"。这并不是教师们教给孩子，或是强加给孩子的，而是孩子通过自身的体验感受到的。

首先需要转换思维，要从"吵架是不行的"转换到"吵架是不可避免的"。在

我的保育园里，我们努力做到让孩子自己去决定怎么处理。"自我决定"是指"让孩子自己去决定"。不是强加给孩子自己的想法，而是"引导"孩子自己做决定。

教师在孩子们不受伤的前提下默默守护他们，为他们提供一能够自己解决问题、安心讲话的环境。

那么，促进孩子自我决定的关键语句就在于："你怎么啦？""觉得怎么做才好呢？"

从"应该道歉哦"转换到"你想怎么做呢？"

KEYWORD

孩子们吵架的时候不要强求他们互相道歉。认为道歉就能够解决问题的应该只有老师自己了。孩子们也许会认为道歉只是道歉而已。

从"应该道歉哦"转换到"你想怎么做呢？"，为孩子们提供自主解决问题的机会。

从"为什么？"转换到"你想怎么做呢？"

教师劝架时，经常会质问孩子："必须好好相处吧？""为什么会这样？""这样不奇怪吗？"教师很多时候并没有意识到自己是在质问。

之后就会出现"老师太可怕了，所以就不吵了""其实并不想道歉"等孩子并不赞同的行为。

如果自己是孩子，当与朋友吵架时被老师要求道歉，你会怎么想呢？能够和好吗？答案估计是否定的。说不定孩子还会疑惑："为什么老师不听我的解释就要求我们和好呢？"从而产生不满的情绪。

是否站在老师的立场去劝架呢？

听了孩子们各自的解释，再问问"你想怎么做呢？"剩下的交给孩子解决就好，孩子们能够自己解决问题。

根据以上的经验，我们去看看如何劝架吧。

某天的吵架

小 C 和小 D 在吵架，但是一看就知道小 D 在撒谎。

如果孩子撒谎了，教师去训斥孩子"不许撒谎"这种行为是不好的。撒谎的孩子并不是"想撒谎"才这么做，往往是因为害怕"被骂"才会撒谎。

如果训斥孩子"撒谎太差劲了"，那么孩子会为了不被骂而再次撒谎。

因此此时建议听一听双方的解释，再问问他们"想怎么做"，并让孩子自己思考"如何解决"，鼓励孩子自己解决问题。

重点

园内发生的事就在园内解决

有些教师会把孩子的问题归因于家长。孩子很粗暴是因为在家里接受的关怀不够？

不是，这是教师们的偏见。

问题一定要在现场解决。不是家庭的问题，在园里发生的问题就需要在园里解决。解决问题的人不是别人，就是你自己。需要把他人的责任变为自己的责任。

认可努力的自己

教师的工作是面向孩子的。
不管有多么喜欢孩子，也会有"想休息下""好累"，或是"我不适合"这样的时候。

幸福话语 1 对自己说鼓励的话语

早上刷牙化妆的时候，可以对着镜子里的自己说"我是××"。

比如"我一直在笑""我能够××"。这个行为叫做"自我启发"。对着自己有意识地说一些积极的暗示语言，能够把无意识中认为"自己不行"的负面想法转换成积极想法。

幸福话语 2 原谅自己做不到的事

在完成某事时，大家会认为自己很行，可是也有完不成某事时原谅不了自己的人。

可以试着安慰自己："做不到也没关系，原谅自己一次吧。"

幸福话语 3 学会忘记

遇到不开心的事的时候，记得学会忘记。

1. 相应的语言和动作。比如一边说"烦恼消失"，一边做收紧双臂的动作。

2. 在失落的时候，可以做动作 1 告诉自己要"忘记"。每次在失落或是焦虑的时候这么做的话，闷闷不乐的情绪就会减少很多。

或者，不好的情绪止不住涌出来的话，问问自己："这样真的可以吗？是我想要的样子吗？"

然后告诉自己"不要这么想"，并试着喊喊口号："自己能行的！"

午餐·零食篇

教师的一句话也许会让活动变得更精彩，也有可能会让活动变得更糟糕。在这一部分，我们将分享能够让大家都开心的秘诀。

不想喝奶的时候

如果婴儿不想喝奶，是否有更好的办法?

来园篇

室内游戏篇

室外游戏・散步篇

午餐・零食篇

卫生篇

午睡篇

离园篇

情景再现

6 个月的小 H 一点都不想喝奶。

哇!

教师的行为

NG

1. 因为必须喝奶，所以就强制性地让孩子喝了。

2. 一边叹气，一边对孩子说："为什么不喝呢?"

为什么不喝呢?

教师的想法

"我哪里做得不好?"

我已经尽力了。不喝又不行，所以拜托了，还是喝一点吧。

孩子也不能饿着肚子，我感到责任重大。

注意事项

不适宜的言行举止

- 强制性地把奶瓶放进孩子嘴里。
- 优先考虑自己的心情，想尽早喂完奶。

是否有想尽快喂完奶的厌恶感?

此刻能用的
幸福话语

"不哭啦，我不是妈妈。但是我可以代替妈妈哦！"

幸福话语的意义

如果在孩子不想喝的时候却强制给他喂奶，很容易导致孩子吐奶。再去责备孩子"为什么不喝"只能加剧自己的不安，不好的情绪还会传染给孩子，导致恶性循环。

因此建议教师转换成母亲的心情，抱着孩子注视着他，轻轻哼着安慰的话语。和幼儿共享温暖的氛围。

重点

孩子依然不喝的时候

如果孩子不习惯奶粉的味道怎么也不愿意喝的时候，可以滴一滴奶在孩子的嘴边，并告诉孩子"这个是奶哦"，先让他们习惯奶粉的味道。

即使这样也不喝的话，试着用勺子喂他们。

如果是因为孩子不习惯奶嘴，那么可以和家长商议此事，提前准备好孩子们在家习惯用的餐具，多方尝试，一定能找到办法。

动作要点

用孩子能够活动双手的姿势抱他们

教师在喂奶的时候不要把孩子的手夹在自己的腋下，这样孩子会活动不了。应该用孩子能够活动双手的姿势抱他们。

对于婴儿来说喝奶就是吃饭。双手能够灵活活动是为今后双手进食做好准备。

来园篇

室内游戏篇

室外游戏·散步篇

午餐·零食篇

卫生篇

午睡篇

离园篇

83

不吃离乳食的时候

孩子不喜欢吃离乳食时该怎么办才好？

来园篇

室内游戏篇

室外游戏·散步篇

午餐·零食篇

卫生篇

午睡篇

离园篇

情景再现

给孩子喂离乳食，6 个月的小 B 就是不好好吃。

呸，不吃！

教师的行为

NG

1. 吓唬孩子"不好好吃饭就长不大"，强制性喂饭。

不好好吃饭就长不大。

2. 好不容易喂的饭孩子又吐了出来。

教师的想法

"急得上火？"

　　好不容易喂的饭，为什么要吐出来呢？

　　我也是在好好地喂饭。

　　因为不知道孩子为什么要这么做，真的很困惑，急得上火。

　　如果以后吃饭也是这个样子的话真的是令人头疼。

注意事项

不适宜的言行举止

- 在吃离乳食的初期就开始用勺子给孩子喂饭。
- 如果孩子不吃，就会责怪孩子："为什么不吃？"

是否吃饭的时间都变得不那么开心了？

来园篇

室内游戏篇

室外游戏·散步篇

午餐·零食篇

卫生篇

午睡篇

离园篇

此刻能用的
幸福话语

（把勺子侧放在孩子嘴边）"这是汤哦。"

幸福话语的意义

10 个月左右的孩子不建议让其坐着吃食物，更建议抱在怀里吃食物。

吃离乳食的重点在于让孩子们感受到自己用餐的愉悦感。比如在初期用勺子喂饭的时候，先等孩子张口。并不是按照教师自己的节奏，而是按照孩子的节奏去喂饭。

另外，家长经常感受到"在家里也不得不让宝宝吃离乳食"的焦虑，其实让孩子们放轻松，培养他们"想吃饭"的欲求是更加重要的。

重点

离乳食用餐方法

要点 1：用餐姿势

腰部发育到孩子 10 个月之前依然不安定，让他们坐在椅子进食会不好集中精力。建议让孩子坐在大人腿上进餐。

（等到孩子能够坚持坐 15 分钟以上，再把孩子放在椅子上进餐。）

要点 2：椅子的正确坐法

最好选择腰和背部与座位能够形成 90 度直角的椅子。两腿必须着地，如果脚够不到的地方可以在椅子下放置脚台调整高度。

（为保证孩子坐着的时候腰部能与座位形成 90 度，可以在腰后放置腰垫。）

要点 3：勺子的用法
离乳食初期

教师把勺子侧面放在孩子的下唇部。一边对着孩子说"这是汤哦"，一边等待孩子"吸"的反应。

（切记不要把勺子放进孩子的嘴里，必须等待孩子主动进食。）

离乳食中期

把孩子一口能食用的量的食物放在勺子上，再纵向放在孩子嘴边，等待孩子张开嘴吃饭。

（此时，如果量太多食物就会堆满嘴巴。一定注意的是孩子一口就能够食用完的量。）

边吃边玩的时候

对于贪玩不好好吃饭的孩子该怎么办才好?

情景再现

1 岁 6 个月的小 F，吃饭吃到一半就把饭碗砸在桌子上玩。

教师的行为

NG

1. 提醒孩子：“快停下来，不要这么做。”

2. 因为孩子不听话，就默不作声地把碗筷收了。

教师的想法

“浪费粮食太可惜了。”

竟然把饭扔在一旁去玩耍。对吃饭没有兴趣总是跑出去玩。

不知道什么时候孩子才能把饭吃完呢?

如果能老老实实吃饭其实也是个好孩子……

注意事项

不适宜的言行举止

- “太脏了快停下来！”“不能边玩边吃。”
- 说着“玩耍的孩子不能吃饭”，并收起食物。

是否认为边吃边玩的孩子就不是好孩子?

来园篇

室内游戏篇

室外游戏・散步篇

午餐・零食篇

卫生篇

午睡篇

离园篇

此刻能用的
幸福话语

（准备两把勺子，一个用来做示范）"咱们一起吃吧。"

幸福话语的意义

孩子边吃边玩有很多原因，比如"勺子用得不好""挑食""想要老师关注自己""已经吃饱了"等，也有不喜欢吃饭的孩子。这个时候耐心对待孩子非常重要。

孩子握不好勺子的时候，可以准备两只勺子，为孩子做示范。

进食以 20 分钟为宜，如果 20 分钟之后孩子开始玩耍，可以不用勉强让孩子吃，建议收拾掉碗筷结束用餐。

重点

勺子的握法

第一步：勺子的握法

刚开始握勺子的时候可以从上面握起。如果拿反了可以告诉孩子："可以这样从上面握。"

需要确认孩子是否肘部抬得过高或是手腕转向了。如果孩子手腕没有力气，教师可以手把手协助孩子。

首先需要从上方抓住勺子。

用餐时抬起肘部，结束时再放下肘部。

如果孩子手腕没有力气，可以手把手帮助孩子固定住动作。

第二步：抓铅笔式握法

第一步的握法熟练之后，可以进展到"抓铅笔式握法"。用大拇指和食做出"手枪"式动作，然后拿住勺子。

第三步：筷子

如果第二步也熟练了，就可以进展到拿"筷子"的阶段。因为有个体差异，需要配合每个孩子的节奏。

不爱吃饭的时候

孩子不爱吃饭或是挑食的时候该如何对应呢?

来园篇

室内游戏篇

室外游戏·散步篇

午餐·零食篇

卫生篇

午睡篇

离园篇

情景再现

2 岁的小 E 总是不主动吃饭。

教师的行为

NG

1. 因为有些担心,就对小 E 说"快吃吧",鼓励他吃饭。

> 快吃吧!

2. 好不容易吃进去的饭又吐了出来,教师也露出了不悦的神色。

教师的想法

"有什么不满吗?"

虽然强制让孩子吃饭不好,但是也不能让孩子把饭吐出来啊。

为什么对吃饭这么不上心呢?

可能是挑食的原因吧,唉……

注意事项

不适宜的言行举止

- "快点吃!"
- "不要挑食!"

是否强迫孩子吃饭了呢?

来园篇

室内游戏篇

室外游戏·散步篇

午餐·零食篇

卫生篇

午睡篇

离园篇

此刻能用的幸福话语

"这个鸡肉软软的很好吃哦，要不要尝尝？"

老师这么说的话，我就试试吧。

幸福话语的意义

如果你仔细观察"不爱吃饭"的孩子，就会发现孩子可能不仅仅在饮食上，在游戏和生活上经常也很被动。

也许大人们给予的过多，或是过度关注孩子，导致孩子"自发"性的行为比较少。

如果让孩子体验很多有趣的游戏，让"吃饭"这件事变得快乐的话，食欲也会变好。教师应当保证孩子们能够"吃得香，吃得快乐"。

重点

做点有趣的事

为了"培养孩子的食欲"，让孩子们发自内心感到有趣很重要。孩子不吃饭的问题不一定出在吃饭上，不如观察一下孩子们感兴趣的游戏是什么，先确保孩子有一个能够充分玩耍的环境。

可以和其他的孩子还有教师一起进餐，并且当场传递出"很好吃"的信息，当孩子们看到其他的小伙伴吃得很香的时候，自然就想吃饭了。

游戏好开心！今天要自己吃饭。

吃饭不规律的时候

孩子突然吃饭很不规律，饭食不定量，该如何是好呢？

来园篇

室内游戏篇

室外游戏·散步篇

午餐·零食篇

卫生篇

午睡篇

离园篇

情景再现

2 岁的小 K 最近突然不吃自己最爱吃的胡萝卜了。

不想吃胡萝卜。

教师的行为

NG

1. "不吃饭就长不大了，快加油吃哦。"

不吃饭就长不大了，快加油吃哦。

2. 孩子依旧不吃饭，所以要求他："不行，必须吃。"

不行，必须吃。

不想吃。

教师的想法

"这样可以吗？"

其实孩子是很喜欢胡萝卜的，是否因为我生气了所以他才开始讨厌的呢？责任重大啊。
什么时候才能恢复正常呢？

注意事项

不适宜的言行举止

- 一直对孩子强调"不吃就长不大。"
- "不吃就算了。"

这种情况下是否很迷惑该怎么办才好？

此刻能用的
幸福话语

（把胡萝卜切成丁）"我尝了一下，非常好吃哦。你要不要尝一尝？"

就一口哦！

幸福话语的意义

观察孩子这么做的理由，随机应变地去处理。因为咀嚼能力还在发育过程中，孩子不爱吃也许是胡萝卜煮得偏硬或是切得太大。

或者告诉他们："这个洋葱虽然有些辣，但这是大人爱吃的口味，要不要尝尝？"用幽默的口吻交流也很有效果。

大家一起"吃得开心吃得香"是前提。大部分孩子即使遇到不喜欢吃的，只要是在开心的氛围当中，最终也能克服这种不喜欢。

重点

让孩子吃得更容易

孩子不爱吃的时候，教师们可以尝试把食物切碎，磨成泥或是调整口味。

孩子不想吃的时候硬是说"不吃不行"，这对孩子来说是很痛苦的。在传达想让孩子吃饭的信息的同时，接受孩子吃饭有喜好这一点也很重要。

要点

喜好是会改变的

孩子过了1岁在饮食上很容易出现"吃饭不规律"的情况。某一天吃饭吃得很多，某一天又突然吃得很少，又有一天只吃蔬菜……

这样饮食不规律的现象会随着孩子的成长而变化，不需要担心。

来园篇

室内游戏篇

室外游戏·散步篇

午餐·零食篇

卫生篇

午睡篇

离园篇

91

想要改善挑食的时候

很担心吃饭挑食的孩子能否好好吃饭。

情景再现

4 岁的小 K，饭量很小，爱挑食。

不想吃这个。

教师的行为

NG

1. "这些不多的，快吃吧。"

这些不多的，快吃吧。

2. 孩子要求"再少一些"，教师恼火地说："这些不多的，快吃吧。"

再少一些。

教师的想法

又来了？因为孩子挑食……

每次总是那么挑食，真担心能不能长大。

刚才说话有点凶，可是不那么说她根本不吃……

希望孩子能够好好吃饭。

注意事项

不适宜的言行举止

- "不喜欢也要吃。"
- "不吃完的话不许玩耍。"

是否擅自认为"这个孩子爱挑食"呢？

来园篇

室内游戏篇

室外游戏·散步篇

午餐·零食篇

卫生篇

午睡篇

离园篇

此刻能用的
幸福话语

（如果孩子吃了）"好厉害，你能吃啦。"

原来很好吃。

来园篇

室内游戏篇

室外游戏・散步篇

午餐・零食篇

卫生篇

午睡篇

离园篇

幸福话语的意义

教师应当观察孩子为什么会挑食，并找出原因。

也许是因为曾经吃的时候有不好的体验。教师可以向孩子表现出吃得很香的样子，并问孩子是否想吃。如果孩子吃下去了，可以夸奖她。

能够吃干净也是培养孩子食欲的重要因素。如果做不到可以一开始少放一些，待孩子吃完了鼓励孩子："吃得好干净啊！"培养他们的食欲。

重点

挑食的原因

有以下几种情况：①起因于舌头的接触或是咀嚼发育。②不好的饮食体验（被强迫吃，食物太硬，被骨头扎到等）。③想要引起大人的注意。好好观察孩子，找到原因就能够准确回应。

如果原因是①，可以尝试改变食物的形状。如果原因是②，可以尝试邀请他们，并对孩子说："这个是你之前没尝过的，非常好吃哦。"如果原因是③，就应当从日常生活中增加和孩子的交流，向孩子传递"我在关心着你"的讯息。

幼儿园的环境创设

培养孩子对食材的兴趣

可以和孩子们在花盆或是庭院里种植西红柿、黄瓜等植物。通过浇水与收获，让孩子能够在日常就能接触到蔬菜。

培养孩子对食材的兴趣能减少孩子对食物的厌恶。

93

吃饭时的对话技巧

如何和有食物过敏的孩子对话

家长既然把孩子托付给我们，那么我们就一定要严格区分过敏与非过敏的儿童食物。坚决杜绝误饮与误食。

过敏最害怕的就是误食。

2 岁左右的孩子还不知道自己吃了某些东西会过敏。食用别的小朋友不小心撒掉的食物也很危险。

吃饭的时候教师需要一直坐在孩子的旁边。

如果孩子想吃其他孩子的食物，可以照顾孩子的情绪，先安抚他们"是啊，很想吃对吧"，再对他们说"吃这个哦"。

为什么 × × 吃不了这个呢?

3 岁以上的孩子能够识别自己不能食用的食物。这个阶段的误食会变少，但是会出现以下这种情形。会有孩子跑过来说："为什么 × × 吃不了这个呢？"或是孩子自己说："好想吃 × × 的东西。"

这时，为了让过敏的孩子放弃吃的欲望，教师们有时会威胁孩子说"吃了这个会变痒"，请千万不要这么说。

如果孩子们意识到自己和朋友之间的不同，那么教师就应当去认可这些不同之处。比如，"× × 吃了小麦粉会发痒，很可怜的哦。其实他也想吃你的食物呢。"

孩子之间有不同是正常的，人与人之间有不同也是正常的。希望借助教师们的对话，能够让孩子们成长为能接受自己不同的人。

94

培养食欲的对话

对孩子们的成长来说，食欲是非常重要的。

食欲是什么？

食欲是指孩子们想要自己吃饭。食欲不好的孩子通常会在某些事情上很消极，或是去打扰朋友们的游戏，无法集中精力。

孩子们的食欲改善了的话，那么游戏的欲望、好奇心都会增强。有必要让孩子实际感受到"自己吃饭了"。

吃饭很慢时该怎么说？

食欲不振时，会出现吃饭速度慢、挑食的现象。

根据吃饭速度具体有多慢，其回应方法也不相同。基本上如果是自己愿意吃，那么就可以继续让孩子吃下去。

如果非常慢的话，可以对孩子说："时针指到6之前要吃完哦。"到了时间还是没有吃完的话，问问他们："到约定的时间了哦，还想再吃吗？还是不吃了？"

家长担心孩子吃饭问题的时候该如何回应？

有家长反映孩子在家吃和在幼儿园吃饭时不一样，具体如下：

问题 1 听说在园里孩子吃得很好，可是在家就不怎么吃了。

回答 可能是因为在家吃的量过多，或是形状太大了。可以告诉家长园内饮食的量、大小以及硬度。也可以问问家长："是否需要园里饮食的菜单？"

问题 2 在家吃饭总是掉得到处都是，边玩边吃，注意力很不集中。

回答 吃饭时注意力不集中有很多原因。可以问问家长孩子吃饭时的姿势。如果桌椅太高，脚没有挨地动来动去的，就很容易不集中。让孩子的脚后跟着地或是放个小台子在脚下就会有效果，可以让家长们看看幼儿园的努力。如果注意力不集中的原因是因为拿着食具玩耍，那么就给孩子使用没有抓手的陶器，就会更好地集中。

幼儿园老师间的摩擦

教师之间经常会有闹别扭的时候，面对有同事背地里讲自己坏话的情况该如何应对？我们问了本书的监修作者——增田老师。

摩擦 1 本来是必须要报告的事却忘记了，气氛变得很尴尬。

先考虑一下为什么自己忘记报告了。

比如，"那时真的想和你商量的，但看你非常忙，就想之后再说。"或是"不想被骂，所以就没敢说。"

大部分情况下，如果和上司之间的交流出现了"不好问""不好说"的现象，那就证明交流出了问题。

放置不管的话，关系的确会变差。解决方法就是自己去越过"不好问""不好说"的门槛。

无法改变他人，那么就寻找出属于自己的模式，自己去越过难关。如果自己属于经常把事情往后拖的类型，那么可以提前想好是否万事自己去做决定，又或者自己是害怕被骂的类型，那么可以在说之前准备一些铺垫的话语，比如，"有些不太好开口……""有件必须汇报的事……"

及时做好沟通工作

教师之间做好"报告·联络·商量"，业务就会顺利很多。

1. 报告

每天向上司汇报工作中的问题点与结果。

2. 联络

何时何地干了什么、为什么以及如何做。

3. 商量

明确商量的内容，准备好回答之后再商量。

小知识 如果家长问的事情自己不了解的话……

不能随意判断，必须和上司交流。也不要直接和家长说"不知道"，可以说"我先查一下，在××号之前告诉您。"

摩擦 2 和说人坏话的同事在一起，不得不说坏话的时候

在一个说人坏话的环境中，想必谁的心情都不好受。

但身处在组织中，这种事肯定不少见。

教师的工作中团队合作很重要。

比如可以告诉自己"自己只是听，不参与发言"。

尽量在职场使用积极的话语，职场氛围也会好转。

卫生篇

　　为了大家能够在干净卫生的环境中生活，卫生方面
的教育是很重要的。在这一部分，我们将为大家介绍能
够提升孩子自立能力的对话技巧。

不喜欢换尿不湿的时候

来园篇
室内游戏篇
室外游戏·散步篇
午餐·零食篇
卫生篇
午睡篇
离园篇

情景再现

到了给孩子换尿不湿的时间，于是抱起了孩子。

教师的行为

NG

1. 刚把孩子平放在床上，就开始哭了。

2. 孩子哭得很厉害，不知道该怎么办才好。

怎么办？

教师的想法

"为什么总是哭？"

为什么孩子总是不喜欢换尿不湿呢？有什么办法吗？

每次孩子一哭，感觉自己的努力就白费了。

注意事项

不适宜的言行举止

- 即使孩子哭，也无声地给他换了尿不湿。
- 露出不悦的神色，对他说："怎么又哭？"

是否像完成任务式地帮孩子换尿布？

98

此刻能用的
幸福话语

"换尿不湿了哦，变干净啦！"

幸福话语的意义

　　教师每天需要给孩子换尿布、喂饭，非常辛苦。如果无声无息地抱起孩子换尿布，孩子有时候会被吓哭。

　　相反，如果教师一边换，一边说"换尿不湿了哦，变干净啦"之类的话，那么就能够产生"基本的信任感"，并感受到"自己是被重视的"。

　　不要认为他们"还是婴儿，说了也不懂"，应当注视着孩子，微笑着对他们说"要换尿布了哦"或是"很舒服吧"这一类的话语。

重点

换尿不湿的要点

第一步

　　与孩子交流

　　在抱着孩子换尿不湿之前对他们说："咱们要去换尿布啦。"每次决定好地点再去换会给孩子带来安心感。

咱们要去换尿布啦。

第二步

　　按摩

　　很多不喜欢换尿不湿的孩子一般都是因为不喜欢平躺着。在换尿不湿的时候可以通过按摩的肌肤接触缓解氛围。

第三步

　　不要拉孩子的腿

　　在换尿不湿时拉孩子的腿会让他们感到疼痛。可以试着在换尿不湿的时候把手放在孩子的屁股底下。

✕

〇

第四步

　　让孩子拉着自己的手起来

　　换完尿不湿时，应当为双手消毒，并对孩子说"要起来啦"。将大拇指伸在孩子面前，尽量让孩子拉着自己的手指坐起来。

要起来啦。

来园篇

室内游戏篇

室外游戏·散步篇

午餐·零食篇

卫生篇

午睡篇

离园篇

拒绝擦手或是擦脸的时候

孩子吃完饭后不喜欢擦脸擦手的时候怎么办才好呢?

来园篇

室内游戏篇

室外游戏·散步篇

午餐·零食篇

卫生篇

午睡篇

离园篇

情景再现

1 岁的小 E 吃完饭后不喜欢擦脸擦手。

教师的行为

NG

孩子总是不喜欢擦脸,教师也觉得不耐烦,于是就无声地帮孩子擦了脸。

教师的想法

"我明明在帮你啊。"

我明明在帮你,为什么总是不愿意呢? 是有什么不满吗?

还是我擦得不舒服呢?

如果每天都是这样的话,孩子就真的太不乖了。

注意事项

不适宜的言行举止

- 看到孩子不愿意却不理会。
- 强制性地给孩子擦脸。
- 即使孩子不愿意,也不停下来。

是否忽视了孩子的情绪强制性地把孩子收拾干净呢?

此刻能用的幸福话语

"擦干净哦。"

好舒服！

来园篇

室内游戏篇

室外游戏·散步篇

午餐·零食篇

卫生篇

午睡篇

离园篇

幸福话语的意义

不喜欢用毛巾擦脸是因为毛巾太凉、不好闻或是擦得太痛了这样不愉快的经历。

教师应该仔细观察孩子的反应，让他们觉得擦干净是一件"很舒服的体验"。即便孩子的脸不干净也不能用力过猛。建议一边说着"擦干净哦"，一边擦。

重点

孩子的清洁与自立

生活习惯的养成过程就像右图一样，0—3 岁之间多是别人为自己做，3—6 岁开始自己做。

清洁习惯应当在 3 岁之前养成，让孩子们体验到"清洁卫生是一件很开心的事情"后，自己也就能够努力保证自己的卫生了。

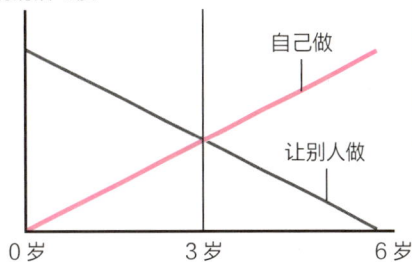

日常生活中的清洁习惯

自己做

让别人做

0岁　　　3岁　　　6岁

动作要点

擦手时的秘诀

因为这是非常日常的行为，是否在无意识的过程中敷衍了事地帮孩子擦手呢？

在给孩子擦手的时候，可以先对孩子说"擦干净哦"，再把孩子的手放在毛巾上包起来，这样就会舒服多了。

可以尝试一下哦。

从下方撑起孩子的手。　　轻轻地用毛巾包起孩子的手。

不喜欢大人辅助刷牙的时候

怎么辅助不喜欢刷牙的孩子刷好牙?

情景再现

小R总是刷不好牙,一刷就开始抵抗。

不要。

教师的行为

NG

孩子不听话,就生气地对他说:"不要动。"

这样刷不好牙的,不要动。

教师的想法

"不要闹了。"

马上要午睡了,快点刷完啊。配合的话马上就能好。

为什么要动呢?

我也没有故意要弄痛孩子的意思,觉得好麻烦啊。

注意事项

不适宜的言行举止

- 不分青红皂白地对孩子生气:"快点!"
- "为什么别人都可以你就不行呢?"

是否觉得帮孩子刷牙是一件很麻烦的事情呢?

来园篇

室内游戏篇

室外游戏·散步篇

午餐·零食篇

卫生篇

午睡篇

离园篇

此刻能用的
幸福话语

"张开嘴，会变干净哦。"

幸福话语的意义

每个园都有自己的育儿方针，3—5 岁开始让孩子自己刷牙的情况比较多。因此，有些园从孩子 2 岁开始辅助他们刷牙。

孩子不喜欢大人辅助刷牙大多是因为"痛"或是"困"。这个时期，让孩子从刷牙的过程中感受到"清爽"的感觉很重要。

把孩子的头靠在自己的膝盖处，试着对他们说："刷干净哦，会很清爽的。"

重点

让孩子拿着镜子

辅助刷牙是为了 3—5 岁的孩子能够自己刷好牙。刷过之后让孩子拿镜子照照，并问问他们"嘴里变干净了吧"。

这样的话，孩子们也就能判断自己刷得是否干净了。

如果还是不肯刷的话

避免强制性刷牙

如果很温柔地对着孩子说话孩子依然不肯刷的话，不要强迫他们。

此时，为了预防蛀牙，可以让孩子喝点大麦茶。

103

想要实施如厕训练的时候

让孩子上厕所时有没有什么好方法

来园篇

室内游戏篇

室外游戏·散步篇

午餐·零食篇

卫生篇

午睡篇

离园篇

情景再现

"到上厕所的时间了哦。"

到上厕所的时间了哦。

教师的行为

NG

1. 小K一直在玩,老师催促着说:"快点啦。""要是尿裤子了就不好啦。"

尿裤子的话会很丢人哦,快点吧。

2. 孩子一直站在那里不动,又催了他一遍:"快走哦!"

快点去!

教师的想法

"为什么不听话呢?"

不上厕所的话很容易尿裤子,为什么就是不听我的话呢?
只有我自己把这事当回事,真傻。
我本来也不想生气的。

注意事项

不适宜的言行举止

- "尿裤子好丢人啊。"
- 即使孩子不愿意也硬要带他们去。

是否对孩子说:"尿裤子很丢人哦"这样的话?

此刻能用的
幸福话语

"一起去上厕所吧。"

WC

好的。

来园篇

室内游戏篇

室外游戏·散步篇

午餐·零食篇

卫生篇

午睡篇

离园篇

幸福话语的意义

如厕训练需要配合孩子排泄的时机。

关于排泄等生活习惯的培养，句尾是肯定语气的对话能更好地把信息传递给孩子。

如果顺从孩子的意思用疑问句的话，孩子很容易会产生撒娇不想去的情绪。

果断地使用"走吧"这样的句子吧。

重点

多等 0.2 秒

是否有过从远处喊叫孩子的经历？大人的声音越大，周围的孩子的声音也会更大。这也是班里为什么会变得很吵的原因。

不用大声喊，试着走到孩子身边吧。

为了尊重孩子的意愿，可以把手伸到孩子面前，等孩子握自己的手。

教师只要能多等 0.2 秒，孩子们就能感受到自己做主的感觉。

禁忌动作

推孩子的背

是否太想让孩子上厕所就出现推孩子的背的行为？孩子会因此受到惊吓。

即使老师无意识地轻轻地推了孩子一下，孩子也很容易产生"被老师推了"的感受。这种感受在无意识之中存留下来，那么这位孩子也很有可能在无意识中去推其他的孩子。

被老师推了。

总是不洗手的时候

卫生篇

3—5 岁

孩子总是不洗手的时候该说什么好呢？

来园篇

室内游戏篇

室外游戏·散步篇

午餐·零食篇

卫生篇

午睡篇

离园篇

情景再现

小 R 和小 D 在吃饭前玩耍，就是不洗手。

哇！哇！哇！

教师的行为

NG

1. 露出可怕的神情，对孩子说："不洗手的话会有细菌的，你就不能吃饭哦。"

不洗手的话会有细菌的，你就不能吃饭哦。

2. 说了好几遍要洗手，孩子终于不情愿地伸出了手。

快点！

好烦哦。

教师的想法

"希望孩子不要太任性。"

　　别的孩子都在好好洗手，只有他总是不听话，真是让人头疼。

　　如果吃饭晚的话午睡也会变晚，怎么说才能听我的话呢？

注意事项

不适宜的言行举止

- "快点快点！"
- "就剩你了。"

　　是否难以控制自己的情绪，一个劲地催促孩子呢？

此刻能用的
幸福话语

"小 R，小 D，快来一起洗手吧。"

知道了。

来园篇

室内游戏篇

室外游戏·散步篇

午餐·零食篇

卫生篇

午睡篇

离园篇

幸福话语的意义

想让孩子做些什么，孩子却不听话的时候，生气地去命令孩子是没什么效果的。教师的声音反而会越来越大，不良情绪也会越来越高涨。

从远处喊着让孩子洗手不是好方法，对他们说"来一起洗手吧"，并做出示范和孩子一起洗会更有效果。

重点

不与别的孩子比较

教师们自己也可以回想下，自己还是孩子的时候如果被家人或是老师拿来与他人比较，是不是会很难过？

尽量控制类似"××在洗手哦""大家都在洗，就剩你了"这样的语言。

孩子听了这样的话，就会产生"总是被比较，好烦人"的情绪。因此，在提醒孩子的时候，可以去指责他们的行为，但千万不要去否定他们的人格。教师要做的不是去比较或是责骂，而是传达给孩子们"这么做的话老师会伤心的"这样的信息。

××在洗手哦。

动作要点

教孩子的喜悦

如果教师带着情绪让孩子去洗手会变得越来越生气。不妨切换心情，边洗手边问问孩子："接着要洗哪里？"以谜语的方式和孩子一起享受洗手的快乐。

107

尿裤子的时候

如果孩子尿裤子了，该如何解决呢？

情景再现

叫 4 岁的小 R 去上厕所，他就是不去，结果尿裤子了。

教师的行为

NG

1. 就是因为刚才让他去上厕所他没有去，所以这会才尿裤子了。

> 刚才就说让你去上厕所啊。

2. 生气地对孩子说："自己换裤子吧。"

> 自己换裤子吧。

教师的想法

"说得过分点才有用吧。"

　　因为说了好多次都不听，所以这次真的很生气。说得过分点没什么问题。但是这样说到底好不好？还是会有些担心……

注意事项

不适宜的言行举止

- "又不是小婴儿，怎么还会尿裤子呢？"
- "要注意了。"

是否觉得"尿裤子"="一定要提醒"？

此刻能用的幸福话语

"没关系，咱们去换衣服吧。"

知道了。

幸福话语的意义

刚才让孩子去上厕所结果他没有去，所以这会才会尿裤子。这时教师生气的情绪是可以理解的，但是还是需要忍耐一下。这时教师应当考虑到孩子因尿裤子产生的羞耻感，跟孩子说一些能够促进其"情绪安定"的话语。

最不好意思的肯定是孩子本人。

教师应该对孩子说"没关系的"，引导孩子去换衣服。之后再问问孩子："以后想上厕所的时候知道要怎么做了吗？"给他们自己思考问题的机会。

重点

因为孩子的失败而生气其实是教师的一厢情愿

孩子一旦失败，是否一定认为"必须要纠正"，或是"要批评，不能再有第二次"？

尿裤子对孩子来说是"失败体验"。如果这时老师责备孩子"你怎么尿裤子了？"或是"刚才不是让你去了吗？"之类的话，这对于孩子来说只能是雪上加霜，不能解决任何问题。如此下去的话，孩子就会变得没有自信，开始自我否定。

教师不应该去责备孩子，而是要通过对话让孩子感受到失败也没有关系。

失败体验
失败体验
失败体验
失败体验　失败体验

是不是做什么都不对?

必须要纠正。

109

表扬孩子的方式——鼓励的话语

你有没有无意识地和孩子说"快点"?虽然我们都知道孩子是需要在表扬中成长的,但是实际上却不知道该怎么做。下面以几个例子来说明到底该怎么做。

不知道如何表扬

不知道表扬方式的时候,就先从和孩子说"谢谢"开始吧。

比如,早上,和来幼儿园的小朋友打招呼,说完"早上好"以后,试着和小朋友说"今天也谢谢来上幼儿园哦";找小朋友帮忙,问:"能帮我拿一下这个吗?"小朋友帮忙了的话试着说"谢谢",这样的话说"谢谢"的机会就会增加。

这个时候希望教师注意的是,不要说太多让人期待下次的话(评价语言)(详细参照 P57 的重点)

评价性对话是指"做得很好哦""好厉害""好棒哦"之类的话。

这种对话,乍一看觉得是"幸福话语",它同样也是评价性对话。如果是教师从心底这么说的话是没有问题的,但是,一般来说,为了让孩子做正确的行为而一直使用评价性对话,小朋友可能会趋向于想要得到评价而去行动。

也就是说,以后教师不表扬的话孩子可能就不去做了。与此相比,从心底里涌出来的对话才传达到小朋友那里。

如果觉得自己不擅长表扬的话,首先为了提高自己的感性,休息日的时候多接触大自然,参观美术馆之类的都是好的。

用积极的词汇

和小朋友聊天的语言，和同事聊天的语言，和前辈或者上司聊天的语言，和家长聊天的语言，和恋人或者朋友聊天的语言……自己说的所有的话，听得最认真的，受影响最大的，不是别人，是自己。

比如"对不起"这个词，用着是很方便，但是用着用着就变成了口头禅，总是在向别人道歉，然后就变成了过分在意别人的"对不起"人生。

这是因为语言和人脑有很深的关系。语言、动作、表情是积极正面的话，思考和感情和会变得积极，这样人就会变得很开心，变得有干劲。

这就是为什么说要"积极乐观地思考"的原因所在。

作为幼教专业人士，要多用积极正面的语言和小朋友聊天。说积极乐观的语言，不仅仅是小朋友，连说话人也会受到很大的影响，心情变得很快乐。

积极的语言会改变行动

使用积极的语言，这份快乐会进入到自己的内心，行动也会随之改变。

1 选择说话的语言

开心！

教师使用积极的语言，比如"开心"。

这样循环往复，小朋友也会使用积极的语言，相互之间内心都会变得丰富起来。

2 输入到心里

很有意思呢！

该词汇从教师的耳朵输入到心里。内心自然而然地开始雀跃。

教师的内心

3 改变教师的行为

好厉害！
开心！

教师心里是开心雀跃的，充满了干劲，就会对小朋友使用积极的语言。小朋友也会因为这些让内心的丰富的词汇而变得开心，欢欣雀跃。

让孩子内心丰富的词汇

提高孩子感受力的语言	养成温柔、体贴性格的语言
好漂亮	好温柔呢
很棒的景色呢	谢谢
好美的声音	开心
心情舒畅呢	帮了大忙了
心情很好呢	某某也会很开心的
亮晶晶的呢	没关系的
你有什么感觉呢	我会在你身边的
你闻到什么味道了呢	我在看着哦
你喜欢什么样的味道	我在听着呢
	超级喜欢

养成自信、耐心、专注的语言	养成活泼、积极乐观的语言
真厉害	你已经能做这么多了呀
加油	好开心
很努力了呢	高兴
某某的话一定可以的	你考虑到了谁都没有注意到的事情呢
干得很棒哦	
好佩服你哦	
真是让人震惊呢	
好棒哦	
抱歉哦	

改用表扬的语言

责任感强的教师，相比表扬的语言，更容易说"不行"，一不小心就会使用提醒的词汇。然后这种词变成了口头禅，一天中会说很多次。

这些词汇中更容易经常使用的是"快点"。

"没时间了，快点""快点去厕所""快点吃""快点排好队"之类的，让孩子快点难道不是一种强迫吗？

正是因为时间有限，所以不使用"快点"这种负面的词汇，而是改用"不急"这种正面积极的词汇的话，不仅能降低教师的烦躁，也能使小朋友安心地度过一天。然后，内心也会变得丰富起来。

✖ 不可以·焦躁的词汇	♥ 替换成幸福词汇
不许动	来这边
某某老师生气了哦	要让某某开心起来哦
为什么不听老师的话呢	是有什么想做的事情吧
快点	不急
好好听我说的话	是有想做的事情吧
来不及了！都是你磨磨蹭蹭的	慢慢做吧
这样做是不行的	停一下哦
不可以！	一起做吧
说谎了吧？	老师相信你哦
可以借一下吗？真小气	被借走了呢
你又不是做不到	好好看着做吧
你什么都做不好呢	你的话一定可以的哦
你是个坏孩子呢	超喜欢你

增田式

珍藏版魔法词汇

每天的工作中有时候会出现无论如何都解决不了的问题。

比如，孩子咬东西。

没法做自己想做的事情。和上司商量，为了防止孩子咬东西用尽了所有方法好像都没法改观的时候……产生了"啊，不行了，我解决不了""不对着我可能就好了"之类的想法，会不会就陷进去了呢。

这个时候重复三次"困境即机会! 困境即机会! 困境即机会"，然后试着做脑海中浮现的事情。

于是就像"百思不如一试"一样，事态开始好转。

困境即机会（说三次）！

第六
部分

午睡篇

"光看着孩子睡觉的脸就觉得很满足。"

这一部分将为大家介绍能让孩子午睡前心情变愉悦的对话技巧。

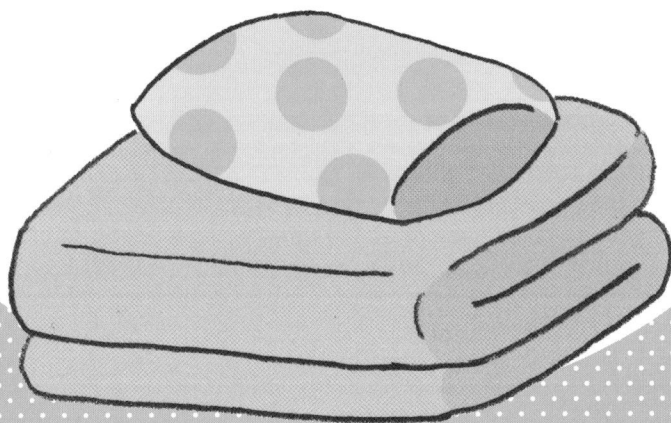

难以哄其入睡的时候

来园篇
室内游戏篇
室外游戏·散步篇
午餐·零食篇
卫生篇
午睡篇
离园篇

孩子总是睡不着，该如何是好？

情景再现

小 F 卧在床上，很困却睡不着。

呜呜
呜呜

教师的行为

NG

1. 拍着孩子的背哄他入睡也没有效果。

2. 孩子完全没有要睡觉的意思，就对孩子说："快睡吧。"

教师的想法

"怎么还不睡？"

我还有一大堆事要做，拜托了，快睡吧。

是我不会哄孩子吗？还是再拍拍孩子比较好呢？

想知道更好的方法！

注意事项

不适宜的言行举止

- 没有任何语言交流，只是在拍着孩子的背。
- 一边给孩子盖被子，一边说："怎么还不睡？"

是否对那些不睡觉的孩子们感到很不耐烦？

此刻能用的
幸福话语

哼着摇篮曲。

好舒服……

来园篇

室内游戏篇

室外游戏·散步篇

午餐·零食篇

卫生篇

午睡篇

离园篇

幸福话语的意义

因为还有很多工作要做，所以教师在这种有压力的情况下很容易着急拍着孩子的背。这样的情绪很容易传染给孩子，引起恶性循环。

教师可以试着放轻松心情，"孩子今天睡不着的话，我就一直陪着他"，如果抱着这样的想法，对孩子的态度也会自然而然地改变。

唱着摇篮曲的歌谣，教师的心情也会变得舒缓，说不定孩子也已经进入梦乡了。

重点

哄孩子入睡的秘诀

孩子不睡觉的时候，你是否很急促地拍着孩子的背呢？首先要停止这种行为。

快睡！

呼噜
呼噜

秘诀在于呼吸。按照孩子呼吸的节奏去抚摸孩子的后背，教师的呼吸节奏也自然跟上来。在这种协调的气氛中，孩子很快就会入睡的。

不想换衣服的时候

孩子不想换衣服，如何应对才好？

情景再现

2 岁的小 H 在换衣服的过程中突然很兴奋，穿着尿不湿就开始调皮乱跑。

教师的行为

NG

说了好几次都不听话，于是态度强硬地对他说："不换衣服是不行的！"

> 停下来，快来换衣服。

教师的想法

"孩子是很可爱……"

孩子是很可爱，可是不早睡不行，希望他快点换衣服。要是感冒了就不好了。

怎么说他才能明白呢？

注意事项

不适宜的言行举止

- "不换衣服是不行的！"
- "摔倒了可是会哭的。"

是否制造出"快点，快点"的紧张气氛？

此刻能用的
幸福话语

"纸尿裤超人，等等我！"

哇！

幸福话语的意义

0—2 岁孩子纸尿裤的更换基本上是由教师来完成的。也会有孩子脱了衣服后到处乱跑的情况。

这时用严厉的口吻要求孩子快停下来，或是因为担心孩子发生危险而责备他们，效果都是不好的。

教师应当换个心情融入孩子当中去，"纸尿裤超人，等等我！"

一起和孩子跑上一圈之后再要求孩子换衣服的话，就会顺利多了。

重点

奖励行为和惩罚行为都是不合适的

不要对孩子说"如果不快点换的话，就会出现怪物"之类的话。只是吓唬孩子是解决不了问题的。

另一方面，"如果换了的话我会给你讲故事哦"之类带奖励色彩的对话也是要注意的。因为孩子们会为了得到奖赏而去做这件事。

实际上，陪孩子玩得开心之后换衣服和孩子们不情愿地去换衣服，时间上差不了 5 分钟。

也许在换衣服上会多花些时间，但是如果放下"必须要这么做"的评判标准，和孩子们一起大笑反而能构建更好的信赖关系。

知识讲堂

认识孩子的本质

孩子们都喜欢"自由的感觉"，所以才会光着身子。教师在训孩子之前不妨深呼吸一下。

重新转换心情，想一想"裸着也没什么不好的"。

我最喜欢光着身子啦。

117

不想让小孩吮手指的时候

不知道如何才能让孩子停止吮手指

来园篇

室内游戏篇

室外游戏·散步篇

午餐·零食篇

卫生篇

午睡篇

离园篇

情景再现

小 B 总会在午休前或是无聊的时候吮手指。

教师的行为

NG

1. 想要制止孩子，所以就对他说"别这么做"，便把手从他的嘴边拿开。

别这么做。

2. 每次一发现就会提醒孩子。

别这么做。

教师的想法

"说几次才能长记性？"

说了好多遍都改不了。已经形成习惯了，每次一发现就得提醒他。
希望有一天孩子能改正。可这也太频繁了。

注意事项

不适宜的言行举止

- 一发现就喊停。
- "吮手指是不行的！"

是不是一见到孩子吮手指就想上去制止？

此刻能用的
幸福话语

"今天没有吮手指哦，真棒！"

被夸奖好
开心。

幸福话语的意义

　　吮手指往往是孩子在感到无聊或是不安和紧张的时候为了放松心情的表现。也就是说，通过吮手指来获得心理上的平衡感。

　　相比于一次次提醒孩子不要吮手指，教师们可以抓住孩子不唆手指的瞬间，摸摸他们的头对他们说："今天没有吮手指哦，真棒！"或是通过抱抱孩子的身体接触向孩子传达喜悦之情。

重点

耐心守护

　　吮手指的行为不是想停就能停下来的。教师们不应当把重点放在"禁止"上，而是应该放在"守护"上。

　　除了睡之前，孩子在白天活动中无聊的时候为了打发时间，也会吮手指。

　　因为孩子在玩得正投入的时候一般不会吮手指，所以帮孩子找出他们能投入玩耍的游戏才是关键。

好无聊！

知识讲堂

有可能是因为牙齿不整齐。

　　在吮手指的时候因为是在用嘴呼吸，所以很容易口渴而导致细菌滋生，以至于感冒。也有可能是因为下排牙齿在偏内侧，上排牙齿偏外侧而导致的。

来园篇

室内游戏篇

室外游戏·散步篇

午餐·零食篇

卫生篇

午睡篇

离园篇

119

3—5 岁

孩子早起的时候

午睡的时候孩子突然起来该怎么办呢?

情景再现

午睡的时候小 D 突然起来了，还准备叫醒其他的孩子。

起床啦!

ZZZ...

教师的行为

NG

"要睡到下午 3 点的。"

不要叫醒其他的孩子，要睡到下午 3 点。

教师的想法

"啊? 怎么起来了? "

好不容易哄睡着，怎么起来了? 再哄睡着真的好麻烦。

但是孩子睡眠很浅，让他再睡一下比较好。

注意事项

不适宜的言行举止

- 命令孩子再睡一会。
- "为什么起来了? "

是不是让孩子觉得睡觉中途醒来是一件不好的事?

好。

重点

休息身体

午休的目的是好好休息身体。如果能睡到下午3点，孩子就能够补充到足够的能量，为下午的活动准备动力。

但是一定要睡到3点，这是大人的刻板看法。孩子们也许是自然而然睡醒的，好好守护孩子就行。

即使睡不着，孩子们只是躺在床上也能缓解疲劳。

幸福话语的意义

要求刚睡醒的孩子再睡一会是非常难的事。

如果孩子比预计的时间起得早，还准备叫醒其他的孩子，那么可以对他们说："在这里等其他的小朋友起来吧！"让孩子换个地方，不要打扰其他孩子的休息。

环境创设

大班幼儿的午休时间

大班的孩子为了上小学做准备，可以逐渐不午休。如果孩子因此犯困，就需要耐心地守护。

来园篇

室内游戏篇

室外游戏·散步篇

午餐·零食篇

卫生篇

午睡篇

离园篇

孩子无法独立换好衣服的时候

午睡篇

3—5 岁

面对无法独立换好衣服的孩子，想知道是否有能够高效率换衣服的方法？

情景再现

3 岁的小 L 努力地在换衣服，但是穿有纽扣的衣服却花了很长的时间。

教师的行为

NG

"动作太慢了，快一点。"

> 动作太慢了，快一点。

教师的想法

"虽然想帮他们……"

因为动作总是很慢，所以很着急。孩子们也在努力地穿衣服，想要帮他们。但是没时间了。

希望孩子们加油，但还是生气了。

注意事项

不适宜的言行举止

- "太慢了，快点。"
- "为什么穿这样的衣服？"

之前都告诉过家长要带来好换的衣服，此时是不是很生气呢？

122

此刻能用的
幸福话语

"试着扣一下第二个扣子？"

要试试。

幸福话语的意义

3岁开始孩子要自己换衣服，但是教师需要在必要的时候帮助他们。

如果是带扣子的衣服会花时间，能理解教师因此而生气。但这时需要做的是通过示范帮助孩子扣好第一个扣子，第二个扣子再让孩子自己尝试。这样的话孩子也能够越来越熟练。

但是睡之前没有太多时间的话，方法之一是告诉孩子"第三个扣子老师来帮你哦"，以此来节省时间。

重点

守护孩子们想做的事

衣服也是孩子表现自我的方式之一。尽管教师不希望孩子穿带扣子的衣服，但也需要尊重孩子想要穿自己想穿的衣服的意愿。教师可以为孩子做出示范，努力守护孩子们自己想要做的事。

为孩子们换衬衫时的技巧

穿衬衣的时候，胳膊总是穿不进去，请按照图片操作。

1. 拿起衬衣肩膀的地方。

2. 从身后披上衬衣。

3. 从袖口伸出一只胳膊。

来园篇

室内游戏篇

室外游戏·散步篇

午餐·零食篇

卫生篇

午睡篇

离园篇

123

工作的优先顺序

效率高对任何人来说都是很理想的,但实际上是很难操作的。关于工作的优先顺序,我们来听听本书的监修作者——增田老师的意见吧。

教师的工作

教师的工作总有新的变化,划分优先顺序是很困难的。

因此,对教师们来说,"控制时间"很重要。如果时间管理不好,一天一下子就结束了。如果杂务解决不完就容易产生焦虑情绪,一焦虑就很容易迁怒于孩子。

了解工作优先顺序的划分方法

首先可以向下图一样把自己的笔记划分成横轴和纵轴,并按照工作的重要程度将其填在 1-4 的方框里。

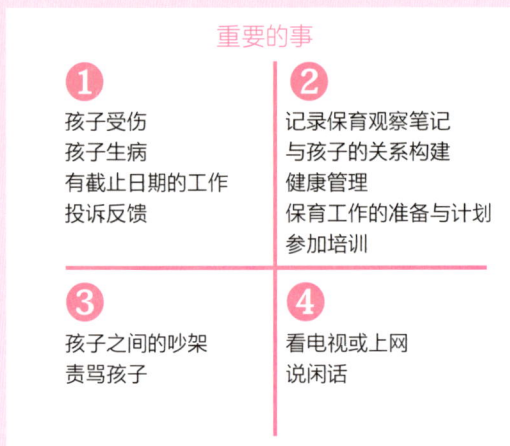

重要的事

❶
孩子受伤
孩子生病
有截止日期的工作
投诉反馈

❷
记录保育观察笔记
与孩子的关系构建
健康管理
保育工作的准备与计划
参加培训

❸
孩子之间的吵架
责骂孩子

❹
看电视或上网
说闲话

1. 紧急并且重要的事
2. 不紧急但重要的事
3. 紧急但不重要的事
4. 不紧急也不重要的事

放在 2 里面的工作由于不紧急,很容易被忽视。但如果多关注这个部分的工作时间,那么工作的结果也会有变化。

比如,保育记录和计划。像班级会议,与孩子的关系构建,参加研修等工作,虽然教师了解其重要性,但也容易把这些工作抛在紧急事务之后。因此每天空出 15 分钟来做这些工作的话,今后工作肯定会产生变化的。

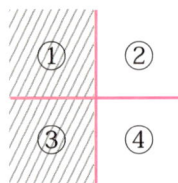

容易误解的优先顺序:

容易误解阴影部分,即 1 和 3 是更重要的

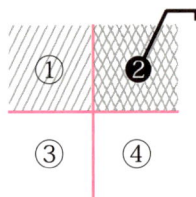

理想的优先顺序:

多重视 1 和 2 会有新的变化哦。尤其是容易被忽视的 2,请每天一定多花 15 分钟在这些工作上。

离园篇

一天结束了，怎样让这一天美好地结束呢？这一部
分将为大家介绍能让教师和孩子都感到开心的对话技巧。

家长接孩子来晚了的时候

家长来晚的时候，有什么可以鼓励孩子的话语呢？

来园篇

室内游戏篇

室外游戏·散步篇

午餐·零食篇

卫生篇

午睡篇

离园篇

情景再现

因为妈妈一直都没有来，小 S 很担心。

> 再见。

> 妈妈还没有来。

教师的行为

NG

1. 因为孩子看上去很寂寞，不禁对孩子说："好晚哦，妈妈怎么还不来？"

> 好晚哦，妈妈怎么还不来？

2. 班里就剩小 S 一个人，看上去非常不安，就安慰孩子"没有关系"。

> 没事的。

教师的想法

"好可怜。"

　　非常能理解家长不来时孩子的不安。

　　好可怜，家长应该早点来接孩子。真是太晚了。

　　以前每天家长都会提前联系，今天是怎么回事呢？真担心。

注意事项

不适宜的言行举止

- "好晚哦，妈妈怎么还不来？"
- 和其他教师一起讨论："完全没有联系，怎么回事呢？"

无意中的一句话是否加剧了孩子的不安？

此刻能用的
幸福话语

"一起玩耍吧！玩点两个人能一起玩的游戏。"

听着不错。

来园篇

室内游戏篇

室外游戏·散步篇

午餐·零食篇

卫生篇

午睡篇

离园篇

幸福话语的意义

日常生活中即使孩子不会看表，但是心里会计算时间，想着"下一个就轮到我了"。

以为下一个被接走的就是自己，结果家长迟迟不来，这会让孩子非常不安。

如果家长打电话向老师说明了情况，可以把家长的情况告诉孩子，让他们安心。

如果家长没有联系老师，那么注意不要说"怎么还不来"之类的话，以免加重孩子的不安，可以说："我们一起玩吧"，转移孩子的注意力。

重点

如何面对家长

其实家长一样为没有准时去接孩子而担心焦急，担心孩子一个人会感到害怕，这时教师应当去理解家长的感受。

家长联系不及时的时候

面对来晚的家长，可以对他们说声"您辛苦了"，之后再把孩子的情况传达给他们。

如果孩子一个人等到了最后，可以安慰家长说"其他的孩子们刚刚才离开"，以消除他们的不安。

如果没有联络的时候

家长要是没有联络的话，不要去责备家长。肯定是有什么理由，教师不用特意去提醒，家长们自己是最清楚的。

建议把孩子们的担心传达给家长。例如"小S很担心您，要是来个电话她会更安心"。

127

当家长不断抱怨孩子的时候

家长当着孩子的面抱怨孩子该怎么办?

来园篇

室内游戏篇

室外游戏·散步篇

午餐·零食篇

卫生篇

午睡篇

离园篇

情景再现

家长一直在老师面前抱怨孩子,老师也只能附和了。

哇啦
哇啦

教师的行为

NG

孩子看起来已经很不开心了,但是家长的话却停不下来。

对不起!

教师的想法

"怎么办?"

家长一直在追根刨底地问孩子在幼儿园的情况,我觉得孩子没问题啊。真是不忍心看到孩子当面被说。

不能和别的家长说这个事也不好受。

注意事项

不适宜的言行举止

- 表现出不想和家长交流的神情。
- 把家长说的话告诉其他的家长。

是否助长了孩子的不良行为?

此刻能用的
幸福话语

"您说吧，我听着。"

幸福话语的意义

如果家长当着孩子的面不停地抱怨孩子的事情，比如抱怨孩子在家里的坏毛病，建议把孩子支开单独交流。可以先问问家长有没有时间，如果有的话可以带家长单独去别的房间交流。

教师一定要注意不要当着孩子的面指出他们在园里的问题。孩子对外界对自己的评价很敏感。有时这样的对话会伤及孩子和教师之间的信赖关系。

重点

把孩子先交给班主任，再和家长个别交流。

如果家长的话停不下来的时候，那一定是家长有什么担心才会这样。要是有时间的话，就一定听听家长的心里话。

担心

等一等哦！

主任

在孩子面前交流不太好，因此可以把孩子先交给班主任，再和家长个别交流。为了让家长能够畅所欲言，应当留意"接受·共感·倾听"的三原则（详细请看 144 页）

来园篇

室内游戏篇

室外游戏·散步篇

午餐·零食篇

卫生篇

午睡篇

离园篇

129

发现孩子忘带东西的时候

发现孩子忘带东西的时候该如何是好呢?

来园篇

室内游戏篇

室外游戏·散步篇

午餐·零食篇

卫生篇

午睡篇

离园篇

情景再现

检查教室的时候,发现挂钩上有孩子落下的东西。

教师的行为

发现有人忘记东西了,但决定第二天再处理,便关了灯。

NG

××忘记东西了。

噼啪

教师的想法

"明天也可以。"

想帮孩子送过去,但已经下班了,明天再说吧。
回去也要花时间。

注意事项

不适宜的言行举止

- "明天再说吧。"
- 什么都没想就回去了。

是不是觉得这点小事第二天做也可以?

此刻能用的
幸福话语

"刚才没有发现你落下的东西，抱歉了。"

来园篇

室内游戏篇

室外游戏·散步篇

午餐·零食篇

卫生篇

午睡篇

离园篇

幸福话语的意义

和家长的信赖关系

如果发现孩子忘记东西，最好当天处理。首先要打电话到孩子家里。

不要擅自决定"第二天再给"或是"反正第二天还会来"。

要注意的是，打了电话之后家长说第二天也可以和擅自决定第二天也可以有很大的不同。因为这很影响教师和家长之间的信赖关系。

在打电话的时候记得说声"刚才没有发现你落下的东西，抱歉了"。

重点

和家长的信赖关系

教师构建和家长的信赖关系很重要，这时需要站在家长的角度思考问题。比如擅自决定第二天再还东西就是没有站在家长的角度。

忘记的如果是洗过的衣服的话，家长肯定会纠结是去拿回来还是不去。因为衣服放一晚会有味道。

如果无法自己作出判断的话，那么可以先告诉家长发现东西的这件事。"我也可以帮你把东西送过去哦"。这样的话信赖关系肯定会更进一步。

信赖关系

教师 ⟷ 家长

因为离得近，就送过来了。

谢谢。

和家长构建信赖关系的三个原则

教师和孩子的信赖关系很重要，同时和家长的关系也很重要。重点在于"包容""共同感受"与"倾听"。

和家长交流不需要紧张！

很多时候教师比家长的年龄要小。

"我还没有结婚。"

"是不是把我当小姑娘了？"

你是否很烦恼这些问题，以至于和家长对话的时候很紧张呢？

这个时候应该认真听家长的话。只要做到这一点，和家长的信赖关系就会变强。据说在发生问题时，只要把问题倾诉给别人就已经解决了八成了。

阅读这本书的你，肯定能够理解哭泣的孩子的心情。

那么和理解孩子一样，你也试着从内心去理解家长的心情。

如果得到了家长的信任，那么很多事情就容易解决了。

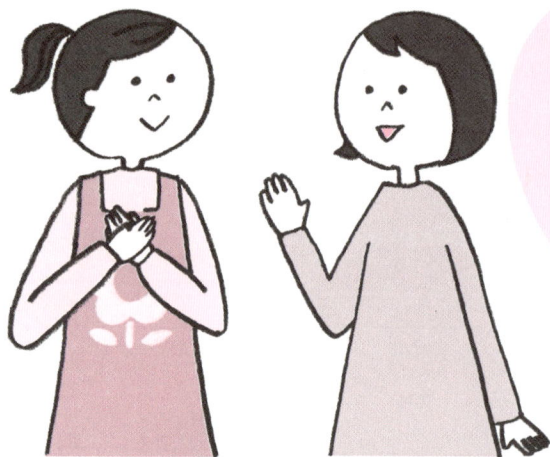

宽容

理解并接受对方的心情和对话。比如孩子们哭着喊"疼"的时候安慰他们"肯定很疼吧"。如果家长说"孩子晚上很爱哭"，那么可以重复家长的话，"原来××晚上很爱哭呀"，并认真听下去。

原来是这样。

共同感受

将对方的心情投射到自己身上，感同身受地去交流。

比如家长说"孩子晚上很爱哭"，那么可以问问他们"妈妈晚上肯定也睡不好吧，身体还好吗"，尝试换位思考。

うんうん

倾听

除了宽容和共同感受之外，"想多听您说说"的倾听态度也很重要。可以使用"然后呢？""接下来呢？"这些承上启下的对话让场面更自然。倾斜身体能够拉近与对话者的距离，能更好地交流。

我来说一句

据说在发生问题时，只要把问题倾诉给别人就已经解决了八成了。但是问题还是没有得到解决的时候，可以试着表达自己的见解。教师在听了家长的倾诉之后，加上一两句自己的意见是很有效的。家长就会觉得不仅只有自己，教师们也在和自己一起陪伴孩子，安心感会倍增。

面对孩子产生焦虑的时候

不管教师有多么优秀，都会有面对孩子产生焦虑的时候。因此，我们将为大家介绍这类问题的对应方法。

你是否认为不应该把焦虑的一面展示给孩子看，如果独自烦恼会很累。这个时候可以改编一些歌曲唱给孩子听，比如："××可爱的时候很可爱，生气的时候却好可怕，哇！"

另外一个方法是"爱的抱抱"，将感情直接传达给孩子。这个方法也同样适用于家长。如果家长抱怨说"最近总是对孩子生气"，或是"最近有了二宝，老大总是吃醋"，那么可以向家长推荐"爱的抱抱"。具体做法可以参考下图。

爱的抱抱能够让孩子从内心感受到母亲的爱和安心感。这个方法会很有效果，母亲也能够由此放松一下。

"爱的抱抱"

1
深呼吸放松心情，抱起孩子。

2
抱紧孩子，并在孩子耳边轻声说："妈妈（老师）最喜欢你啦。"8秒钟后重复一次。

3
如果孩子感到不好意思就立即停止。

图书在版编目（CIP）数据

与幼儿对话·这样说,孩子更开心/（日）增田香著;卢中洁译. —上海:复旦大学出版社,
2020.4（2022.1 重印）
ISBN 978-7-309-14837-4

Ⅰ.①与…　Ⅱ.①增…　②卢…　Ⅲ.①学前教育-教学研究　Ⅳ.①G612

中国版本图书馆 CIP 数据核字（2020）第 059508 号

HOIKUWOKANZENSUPPORT! OSAIKARA5SAIMADENOKOTOBAKAKE

Copyright © Nitto Shoin Honsha Co., Ltd. 2014
All rights reserved.
First original Japanese edition published by Nitto Shoin Honsha Co., Ltd., Japan.
Chinese（in simplified character only）translation rights arranged with Nitto Shoin
Honsha Co., Ltd., Japan.
through CREEK & RIVER Co., Ltd. and CREEK & RIVER SHANGHAI Co., Ltd.

上海市版权局著作权合同登记号　图字 09-2019-782

与幼儿对话·这样说,孩子更开心
[日]增田香　著
卢中洁　译
责任编辑/谢少卿
版式设计/卢晓红

复旦大学出版社有限公司出版发行
上海市国权路 579 号　邮编:200433
网址: fupnet@ fudanpress.com　http://www.fudanpress.com
门市零售: 86-21-65102580　　团体订购: 86-21-65104505
出版部电话: 86-21-65642845
上海盛通时代印刷有限公司

开本 787×1092　1/16　印张 9　字数 404 千
2022 年 1 月第 1 版第 2 次印刷

ISBN 978-7-309-14837-4/G · 2072
定价: 45.00 元